JN411841

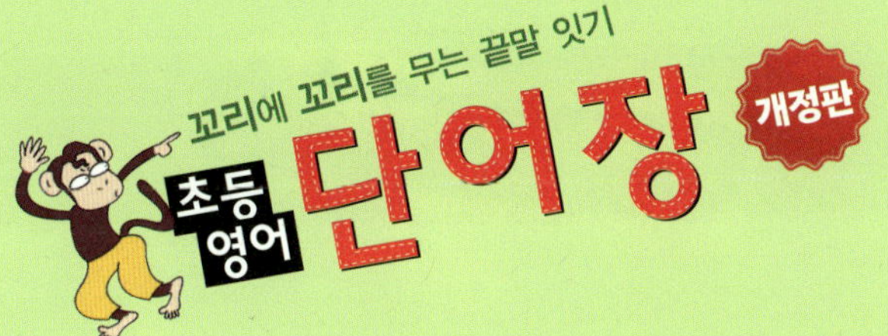
꼬리에 꼬리를 무는 끝말 잇기
초등 영어
단어장
개정판

초 판 1쇄 발행 2008년 06월 16일
개정판 1쇄 발행 2026년 01월 25일

펴 낸 이 | 이규인
지 은 이 | 김복리
일러스트 | 정미희
편 집 | 김윤희
디 자 인 | 김선희

펴 낸 곳 | 예스북
출판등록 | 2005년 3월 21일 제320-2005-25호
주 소 | 서울시 영등포구 문래북로116 9층 903호(문래동3가 트리플렉스)
전 화 | (02) 337-3054
팩 스 | (02) 326-3218
E-mail | changbook1@hanmail.net
홈페이지 | www.e-yesbook.co.kr

ISBN 978-89-92197-01-4 (63740)
정 가 14,000원

*잘못된 책은 바꾸어 드립니다.

예스북

어린이 친구 여러분! 안녕하세요?

요즘 우리 친구들은 해야 할 일이 많아 참 바쁘죠? 그 중에서도 영어를 공부하는 일이 무엇보다도 더 힘들고 어렵다고 생각하는 친구들이 있을 텐데요. 우리 나라 말이 아닌 외국어를 공부하려니 참 힘들기도 할 거예요. 아마 영어를 잘하는 친구들을 보면 은근히 샘도 났을 거예요. 이는 우리 친구들이 영어를 처음 접하는 시기에 첫 단추를 잘못 꿰서 그런 건데요.

사실 무엇이든 배우는 일이 다 즐거울 수는 없겠죠. 하지만 자신이 하고 있는 영어 학습 방법이 재미가 없거나, 또는 아무리 해도 영어에 흥미를 느끼지 못해서 의욕이 상실되어 있다면 지금이라도 다른 재미있는 학습 대안을 찾아야겠죠?

종종 주변에서 영어 공부하기가 재미 없고, 단어 외우기가 지루하다는 얘기를 듣곤 하는데요. 그럼 어떻게 하면 영어 단어를 쉽게 기억할 수 있을까요? 또 어떻게 하면 공부한 단어를 오래 기억할 수 있을까요? 우리 친구들은 도서관이나 서점에 가면 가장 많이 보고 또 가장 쉽게 접하게 되는 책이 무엇인가요? 그것은 바로 카툰 식으로 되어 있는 학습

만화들일 거에요. 어느 부분을 펼쳐도 재미있고 또 학습에 대한 지루한 부담감이 없어서겠죠? 영어 공부도 이렇게 재미가 있으면 얼마나 신나는 일이겠어요? 이 단어장에는 여러분들이 영어 단어를 재미있게 공부하게 하기 위한 다음과 같은 장치들이 숨어있어요.

1 단어 연상 비밀 장치를 찾아라.

재미있는 이야기가 있는 그림 연상 장치

본 단어장은 여러분들이 가장 좋아하는 코믹한 학습 만화 형태를 빌렸어요. 어느 부분을 펼쳐도 영어 학습에 대한 부담이 느껴지지 않아요. 친근한 동물들이 등장하여 우리 친구들처럼 말을 하고, 또 우리와 비슷한 행동을 하는 친구들이 영어 단어로 말을 하니 참 신기한 일이죠.

본 책에서는 단어를 자신도 모르게 외우게 하는 장치들을 숨겨 놓았는데요. 사실 영어를 공부한다는 느낌이 들지는 않는데 재미있는 만화를 읽다 보면 어느새 나도 모르게 단어를 알게 되는 장치예요. 이는 영어 단어를 외우게 하는 장치를 스토리와 동물 캐릭터에 묻어 놓은 셈인데요. 한 과의 학습이 끝나게 되면 눈으로 보았던 동물그림들이 연상되면서 단어가 저절로 떠오르는 거죠.

2 단어 암기 비밀 장치를 찾아라.
꼬리에 꼬리를 무는 단어 끝말 잇기 장치

또 다른 단어 암기 비밀 장치는 각 과의 12개 단어들을 단편적으로 제시한 것이 아니라, 단어들끼리 서로 꼬리를 물으며 끝말잇기를 한다는 점이예요. 단어들을 단순히 제시하는 차원이 아니라 첫 글자와 끝 글자가 이어지면서 서로 연결고리를 만드는 것이죠. 이는 영어 단어 끝말잇기를 하는 단어 게임에 더하여 동물 그림을 연상하여 단어를 기억하는 두 가지 장치가 결합하면서 더 큰 상승효과를 가져올 거예요. 따라서 단원을 마무리하게 되면 각 단원에서 제시하고 있는 12개의 단어들을 어렵지 않게 모두 기억할 수 있게 되는 거죠.

3 영어 기초 문장에서 제시 단어를 찾아라.
단어 자체를 기억하는 차원을 넘어 문장을 통째로 기억하게 하는 장치

영어는 사실 읽고, 쓰고, 듣고, 말하기 중에서 4가지 모든 영역이 다 중요한데요. 그 중에서도 여러분들이 실용적으로 일상 회화에 필요한

부분은 듣고 말하기예요. 단어 자체만을 말하는 것으로는 상대에게 자신의 의견을 제대로 전달할 수 없으므로, 이를 문장으로 통째로 기억해서 말하기 훈련을 하는 거예요. 기초적인 쉬운 문장을 많이 기억하고 이를 말하기로 활용할 수 있으면 더할 나위 없이 훌륭하겠죠?

단어를 많이 아는 것도 중요하지만, 더욱 중요한 것은 문장으로 단어를 기억하는 것이에요. 그러면 단어도 알고 더불어 문장도 공부하여 영어를 말할 수 있게 되는 효과를 거두는 셈이지요.

4 단어 암기 퍼즐 장치를 찾아라.

비밀의 단어를 찾게 하는 퍼즐 식 파닉스 학습 장치

각 과를 마무리하는 활동 중 〈비밀의 단어를 찾아 봐〉에서는 여러분들이 학습에 퍼즐 식의 재미를 더할 수 있는 부분인데요. 주어진 단어에 해당하는 그림을 보고 빠져 있는 철자를 쓰는 과정에서 철자와 소리의 관계를 익히는 파닉스를 점검하는 활동이기도 해요.

각 단어의 빈 칸에 해당하는 철자를 알아 낸 다음, 이를 조합하여 새로운 비밀의 단어를 찾는 과정에서 여러분들은 학습을 하면서 동시에

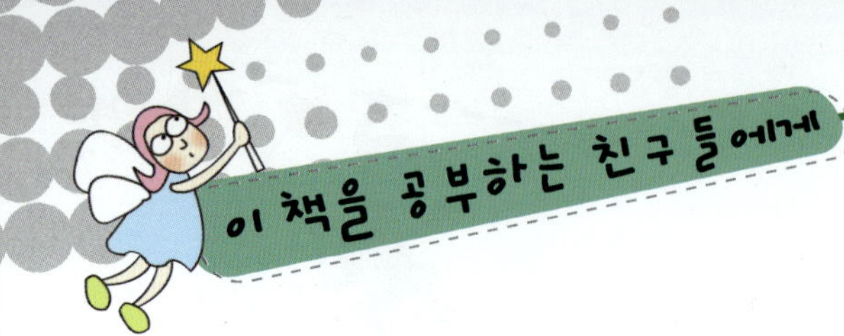

흥미를 유발하는 퍼즐의 기분을 느낄 수 있을 거에요.

자, 그러면 이제 영어 단어 공부를 재미있게 시작할 준비가 되었나요? 만화를 읽듯이, 그림 책을 보듯이 그리고 게임을 하듯이 가벼운 마음으로 또 즐거운 마음으로 동물들의 세계에서 영어 단어를 탐험해 보기로 해요.

저자 김복리

이 책은 이렇게 만들었어요.

총 12개의 단어를 재미있는 그림을 통해서 연상하게 했어요.

DAY 1

코끼리와 상어의 대결!

그림을 보면서 이야기해 봐!

모래 위에서 코끼리와 상어가 테니스를 치고 있군요. 대왕 문어가 승자에게 토마토를 선물로 줄 건가 봐요. 가만, 코끼리 귀를 잘 보세요. 과연 누가 이길까요?

3

각 단원에서 제시하는 12개(혹은 6개씩 두 세트)의 단어는 끝 글자와 첫 글자가 이어지는 끝말잇기로 연결시켰으며, 단어를 효율적으로 기억하도록 재미있는 동물 그림과 이야기를 엮어서 만들었어요.

단어와 그림을 연상하면서 동시에 단어의 끝말잇기로 단어의 꼬리를 잇다 보면 어느새 단어들이 머리 속에 쏙 들어와 있겠죠?

이 책은 이렇게 만들었어요.

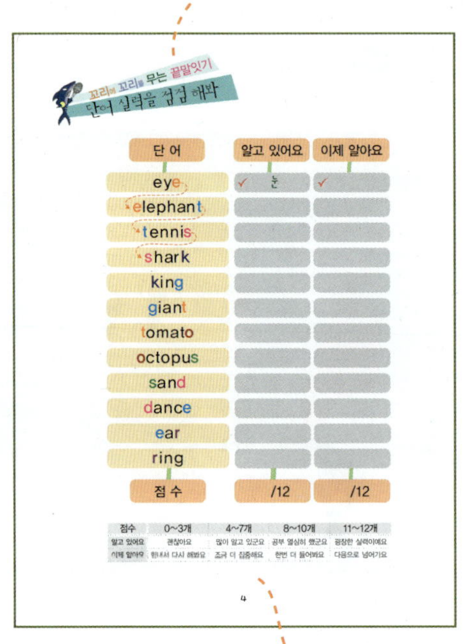

꼬리에 꼬리를 무는 끝말잇기
단어 실력을 점검 해봐

단 어	알고 있어요	이제 알아요
eye	✓ 눈	✓
elephant		
tennis		
shark		
king		
giant		
tomato		
octopus		
sand		
dance		
ear		
ring		
점 수	/12	/12

점수	0~3개	4~7개	8~10개	11~12개
알고 있어요	괜찮아요	많이 알고 있군요	공부 열심히 했군요	굉장한 실력이에요
이제 알아요	힘내서 다시 해봐요	조금 더 집중해요	한번 더 들어봐요	다음으로 넘어가요

4

〈알고 있어요〉는 본 책의 단어를 공부하기 이전에 자신이 이미 알고 있는 단어를 확인해 보는 것이고, 〈이제 알아요〉는 본 책으로 단어를 공부하고 난 후에 자신이 알게 된 단어를 확인해 보는 것이에요.

단어 점검 결과표를 이용하여 자신의 실력을 확인해 봐요. 본 책의 지시대로 충실히 따르게 되면 큰 어려움 없이 다음 단계로 넘어갈 수 있는 실력을 쌓게 될 거예요.

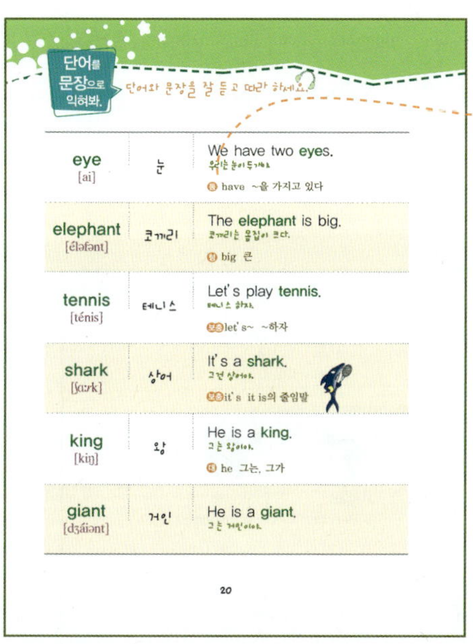

단어를 문장으로 익혀봐.

단어와 문장을 잘 듣고 따라 하세요.

eye [ai]	눈	We have two eyes. 우리는 눈이 두 개야. (동) have ~을 가지고 있다
elephant [éləfənt]	코끼리	The elephant is big. 코끼리는 몸집이 크다. (형) big 큰
tennis [ténis]	테니스	Let's play tennis. 테니스 하자. (보충) let's~ ~하자
shark [ʃɑːrk]	상어	It's a shark. 그건 상어야. (보충) it's it is의 줄임말
king [kiŋ]	왕	He is a king. 그는 왕이야. (대) he 그는, 그가
giant [dʒáiənt]	거인	He is a giant. 그는 거인이야.

20

단어의 품사를 알려주는 말이에요.

(부)는 부사
(동)은 동사
(형)은 형용사
(명)은 명사
(의)는 의문사
(전)은 전치사
(대)는 대명사를 뜻해요.

제시 단어가 들어있는 문장을 통해서 단어와 문장을 기억해요. 낱개의 단어를 외우는 것도 좋지만 각 단어가 문장에서 어떻게 쓰이는 지를 더불어 공부하게 되면 단어뿐만 아니라 문장까지 공부하게 돼요. 문장은 주로 일상 생활에서 알아야 할 기초적인 영어 표현을 사용하였어요. 많이 읽고 연습하는 것 만큼 자신의 실력도 쑥쑥 올라가겠죠?

이 책은 이렇게 만들었어요.

단원에서 배운 단어를 제대로 기억하고 있는지를 확인하는 연습 문제예요. 단어를 보고 소리내어 읽어보면서 동시에 그 의미를 파악해 보도록 해요.

이정도는 할 수 있어!

코끼리와 상어의 대결

A 그림에 맞는 영어 단어를 고르세요.

1. ⓐ ear ⓑ eye
2. ⓐ shark ⓑ elephant
3. ⓐ ring ⓑ ribbon

B 영어 단어에 해당하는 우리말 뜻을 찾아 줄을 그으세요.

1. giant	ⓐ 춤추다
2. octopus	ⓑ 모래
3. sand	ⓒ 거인
4. dance	ⓓ 테니스
5. tennis	ⓔ 문어

C 다음 단어에 맞는 뜻을 고르세요.

1. ring	거인	왕	반지
2. octopus	상어	문어	코끼리
3. sand	모래	거인	춤추다

정답 A-1. b 2. a 3. a B-1. c 2. e 3. b 4. a 5. d C-1. 반지 2. 문어 3. 모래

7

비밀의 단어를 찾아봐!

코끼리와 상어의 대결

A 빈 칸에 맞는 철자를 넣어 비밀의 단어를 찾아 써 보세요.

B 이야기가 있는 그림을 연상하면서 단어의 끝말을 이어보세요.

8

숨어있는 단어의 철자를 찾아 비밀 단어를 조합하는 퍼즐 형식의 활동이예요. 학습에 퍼즐의 형식을 가미하여 재미를 부연한 부분으로 학습자의 흥미를 유발시켜요. 더불어 빠져 있는 각 단어의 철자와 소리를 공부하는 파닉스도 확인할 수 있어요.

앞에서 배운 단어를 그림과 연상하면서 그리고 주어진 철자로 끝말 잇기를 하면서 단어를 써 봐요. 단어의 철자를 외우게 하는 데에 목적이 있기 보다는, 단어를 동물 그림과 연상해서 떠올려보고 주어진 철자에 힌트를 얻어 최대한 많은 단어를 기억하는 데에 목적이 있어요. 이 부분의 학습이 끝나면 맨 처음으로 돌아가서 자신의 단어 실력을 확인해 봐요.

Contents

Contents

꼬리에 꼬리를 무는 끝말 잇기
초등 영어 단어장
개정판

DAY 1 코끼리와 상어의 대결!

그림을 보면서 이야기해 봐!

모래 위에서 코끼리와 상어가 테니스를 치고 있군요. 대왕 문어가 승자에게 토마토를 선물로 줄 건가 봐요. 가만, 코끼리 귀를 잘 보세요. 과연 누가 이길까요?

단 어	알고 있어요	이제 알아요
eye	✓ 눈	✓
elephant		
tennis		
shark		
king		
giant		
tomato		
octopus		
sand		
dance		
ear		
ring		
점 수	/12	/12

점수	0~3개	4~7개	8~10개	11~12개
알고 있어요	괜찮아요	많이 알고 있군요	공부 열심히 했군요	굉장한 실력이예요
이제 알아요	힘내서 다시 해봐요	조금 더 집중해요	한번 더 들어봐요	다음으로 넘어가요

단어를 문장으로 익혀봐.

단어를 문장으로 기억하세요.

eye [ai]	눈	We have two **eye**s. 우리는 눈이 두 개야. 동 have ~을 가지고 있다
elephant [éləfənt]	코끼리	The **elephant** is big. 코끼리는 몸집이 크다. 형 big 큰
tennis [ténis]	테니스	Let's play **tennis**. 테니스 하자. 보충 let's~ ~하자
shark [ʃɑːrk]	상어	It's a **shark**. 그건 상어야. 보충 it's it is의 줄임말
king [kiŋ]	왕	He is a **king**. 그는 왕이야. 대 he 그는, 그가
giant [dʒáiənt]	거인	He is a **giant**. 그는 거인이야.

tomato [təméitou]	토마토	I have a **tomato**. 나한테 토마토가 하나 있어.
octopus [áktəpəs]	문어	An **octopus** has eight arms. 문어는 다리가 8개야. 명 arm 팔, 동물의 발
sand [sænd]	모래	It's in the **sand**. 그것은 모래 속에 있어. 전 in ~안에
dance [dæns]	춤추다	Let's **dance**. 춤 추자.
ear [iər]	귀	They have long **ears**. 그들은 귀가 길어. 대 they 그들은, 그들이
ring [riŋ]	반지	She has a **ring**. 그녀가 반지를 가지고 있어.

A 그림에 맞는 영어 단어를 고르세요.

1 

ⓐ ear
ⓑ eye

2 

ⓐ shark
ⓑ elephant

3 

ⓐ ring
ⓑ ribbon

B 영어 단어에 해당하는 우리말 뜻을 찾아 줄을 그으세요.

1. giant	ⓐ 춤추다
2. octopus	ⓑ 모래
3. sand	ⓒ 거인
4. dance	ⓓ 테니스
5. tennis	ⓔ 문어

C 다음 단어에 맞는 뜻을 고르세요.

1. ring	거인	왕	반지
2. octopus	상어	문어	코끼리
3. sand	모래	거인	춤추다

정답 A－1. b 2. a 3. a B－1. c 2. e 3. b 4. a 5. d C－1. 반지 2. 문어 3. 모래

A 빈 칸에 맞는 철자를 넣어 비밀의 단어를 찾아 써 보세요.

B 이야기가 있는 그림을 연상하면서 단어의 끝말을 이어보세요.

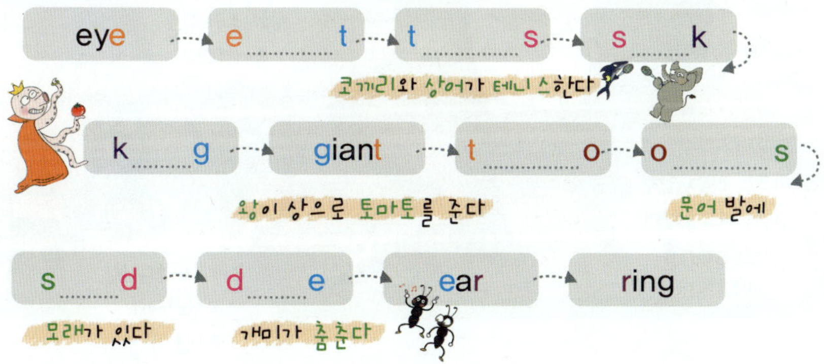

DAY 2

이크! 작은 고추가 맵구나!

그림을 보면서 이야기해 봐!

배고픈 어린 고릴라가 나무 속에 있는 빈 구멍을 발견하고 요리 조리 살펴보고 있어요. 구멍 속에 꿀이라도 찾으려나 봐요. 그러다 그만 개미 집을 밟아 무너뜨리고 말았죠. 화가 난 개미들이 가만있을까요? 또 벌들도 가만있지는 않겠죠?

단 어	알고 있어요	이제 알아요
nest	✓	✓
tree		
empty		
yawn		
new		
watch		
honey		
young		
gorilla		
ant		
tall		
lesson		
점 수	/12	/12

점수	0~3개	4~7개	8~10개	11~12개
알고 있어요	괜찮아요	많이 알고 있군요	공부 열심히 했군요	굉장한 실력이예요
이제 알아요	힘내서 다시 해봐요	조금 더 집중해요	한번 더 들어봐요	다음으로 넘어가요

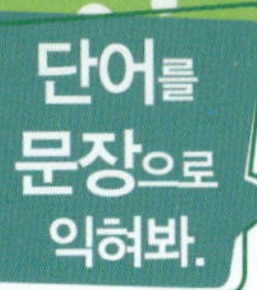

단어를 문장으로 기억하세요.

nest [nest]	둥지	I see a **nest** in the tree. 저 나무에 둥지가 보인다. 전 in ~안에
tree [triː]	나무	The **tree** is very big. 저 나무는 매우 크다.
empty [émpti]	비어있는	His room is **empty**. 그의 방이 비어 있어. 대 his 그의
yawn [jɔːn]	하품하다	He is **yawn**ing. 그는 하품하고 있어. 동 is ~ing ~하고 있다
new [njuː]	새로운	Are you **new**? 새로 왔니? 보충 Are you~?는 묻는 표현이에요.
watch [wɔːtʃ]	~을 보다	She is **watch**ing me. 그녀가 나를 바라보고 있어. 대 she 그녀는, me 나를

honey [hʌ́ni]	꿀	The bear likes **honey**. 곰은 꿀을 좋아해.
young [jʌŋ]	어린	You are **young**. 너는 어리다.
gorilla [gəríla]	고릴라	**Gorillas** have long arms. 고릴라는 팔이 길다. 형 long 긴
ant [ænt]	개미	This is an **ant**. 이것은 개미야.
tall [tɔːl]	키가 큰	He is **tall**. 그는 키가 커.
lesson [lésn]	교훈, 수업	I have no **lesson** today. 오늘은 수업이 없어.

A 그림에 맞는 영어 단어를 고르세요.

1 

ⓐ gorilla
ⓑ ant

2 

ⓐ nest
ⓑ empty

3 

ⓐ yawn
ⓑ watch

B 영어 단어에 해당하는 우리말 뜻을 찾아 줄을 그으세요.

1. lesson ·	· ⓐ ~을 보다
2. tall ·	· ⓑ 꿀
3. honey ·	· ⓒ 교훈
4. watch ·	· ⓓ 비어있는
5. empty ·	· ⓔ 키가 큰

C 다음 단어에 맞는 뜻을 고르세요.

1. new	교훈	새로운	꿀
2. young	어린	키가 큰	비어있는
3. tree	둥지	하품	나무

정답 A - 1. b 2. a 3. a B - 1. c 2. e 3. b 4. a 5. d C - 1. 새로운 2. 어린 3. 나무

A 빈 칸에 맞는 철자를 넣어 비밀의 단어를 찾아 써 보세요.

B 이야기가 있는 그림을 연상하면서 단어의 끝말을 이어보세요.

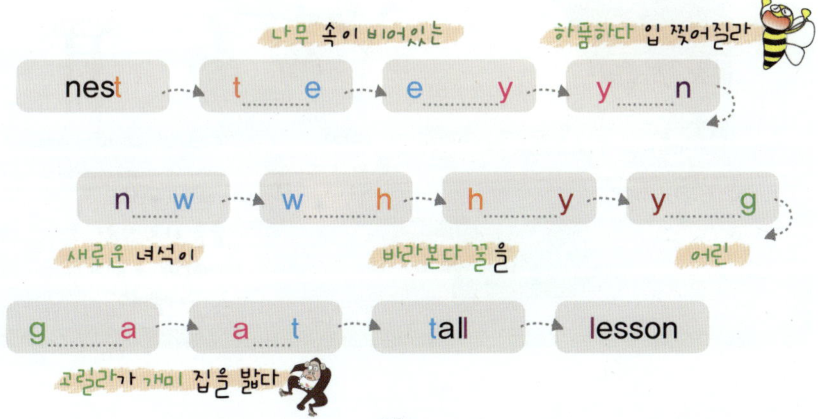

DAY 3

두껍아! 두껍아! 그만 일어나!

그림을 보면서 이야기해 봐!

겨울 잠에서 먼저 깨어난 개구리 친구들이 두꺼비를 깨우고 있어요. 그런데 아무리 해도 두꺼비가 잠에서 깨어나지를 않는군요. 아직도 깊은 잠에서 자고 있는 두꺼비를 어떻게 하면 깨울 수 있을까요?

단 어	알고 있어요	이제 알아요
fat	✓	✓
toad		
deep		
pull		
leg		
grass		
stand		
deaf		
frog		
green		
neck		
knock		
점 수	/12	/12

점수	0~3개	4~7개	8~10개	11~12개
알고 있어요	괜찮아요	많이 알고 있군요	공부 열심히 했군요	굉장한 실력이예요
이제 알아요	힘내서 다시 해봐요	조금 더 집중해요	한번 더 들어봐요	다음으로 넘어가요

단어를 문장으로 익혀봐.

단어를 문장으로 기억하세요.

fat [fæt]	뚱뚱한	The toad is **fat**. 두꺼비가 뚱뚱하다.
toad [toud]	두꺼비	The **toad** has no neck. 두꺼비는 목이 없어. 보충 neck의 ck는 [k]로 발음해요.
deep [diːp]	깊은	The cave is **deep**. 동굴이 깊어. 명 cave 동굴
pull [pul]	당기다	**Pull** his legs. 그의 다리를 잡아 당겨. 대 his 그의
leg [leg]	다리	The bird has long **legs**. 그 새는 다리가 길다. 형 long 긴
grass [grɑs]	풀	They are in the **grass**. 그들이 풀 밭에 있다. 보충 in은 장소 앞에 쓰여요.

stand [stænd]	서다	Please **stand** up. 일어서 주십시오. 보충 please는 공손한 요구를 할 때 써요.
deaf [def]	귀먹은	He's **deaf** in one ear. 그는 한 쪽 귀가 먹었어. 보충 He's는 He is의 줄임 말이에요.
frog [frɔːg]	개구리	**Frog**s are jumping. 개구리들이 뛰고 있다. 동 〈are ~ing〉 ~하고 있다
green [griːn]	녹색(의)	Grass is **green**. 풀은 녹색이야.
neck [nek]	목	It has a long **neck**. 그것은 목이 길다. 형 long 긴
knock [nɑk]	노크	There is a **knock** at the door. 문에서 노크 소리가 들린다.

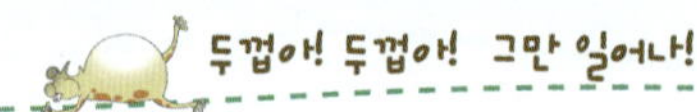

A 그림에 맞는 영어 단어를 고르세요.

1 

ⓐ frog
ⓑ leg

2 

ⓐ fat
ⓑ knock

3 

ⓐ deaf
ⓑ neck

B 영어 단어에 해당하는 우리말 뜻을 찾아 줄을 그으세요.

1. toad ·	· ⓐ 서다
2. green ·	· ⓑ 깊은
3. pull ·	· ⓒ 두꺼비
4. stand ·	· ⓓ 녹색
5. deep ·	· ⓔ 당기다

C 다음 단어에 맞는 뜻을 고르세요.

1. grass	노크	녹색	풀
2. deaf	귀먹은	당기다	서다
3. frog	두꺼비	개구리	깊은

정답 A－1. b 2. a 3. b B－1. c 2. d 3. e 4. a 5. b C－1. 풀 2. 귀먹은 3. 개구리

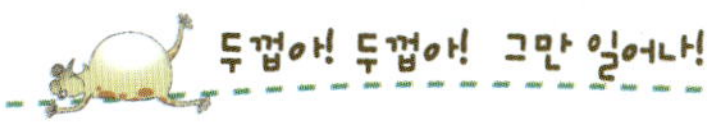

A 빈 칸에 맞는 철자를 넣어 비밀의 단어를 찾아 써 보세요.

B 이야기가 있는 그림을 연상하면서 단어의 끝말을 이어보세요.

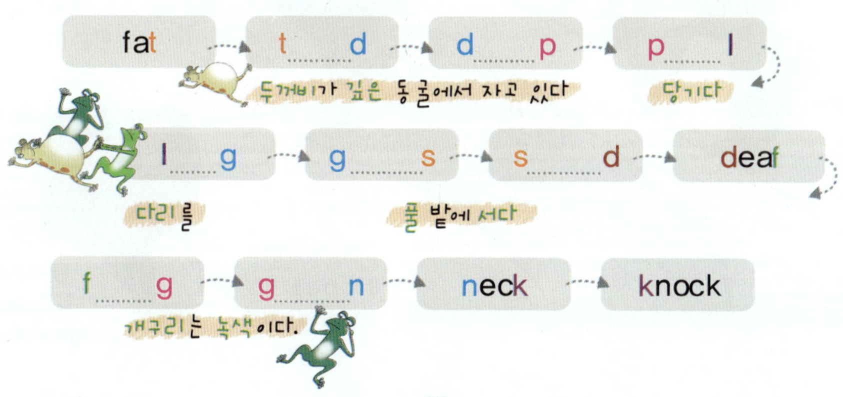

DAY 4

펭귄 나라 눈 썰매 대회!

그림을 보면서 이야기해 봐!

펭귄들이 눈 썰매 대회를 하는 날이예요. 참가자들은 모두 고글을 써야 하나봐요. 저것 보세요. 저마다 모두들 재미있는 각양 각색의 고글들을 착용하고 있군요. 우승자는 아마 펭귄의 새로운 우두머리가 될 지도 모르죠.

단 어	알고 있어요	이제 알아요
slow	✓	✓
waist		
tail		
lift		
top		
penguin		
news		
stop		
pass		
slope		
egg		
goggle		
점 수	/12	/12

점수	0~3개	4~7개	8~10개	11~12개
알고 있어요	괜찮아요	많이 알고 있군요	공부 열심히 했군요	굉장한 실력이에요
이제 알아요	힘내서 다시 해봐요	조금 더 집중해요	한번 더 들어봐요	다음으로 넘어가요

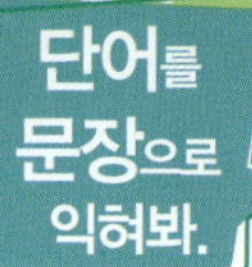

단어를 문장으로 기억하세요.

slow [slou]	느린	He is very **slow**. 그 아이는 매우 느려
waist [weist]	허리	They have no **waist**. 그들은 허리가 없어.
tail [teil]	꼬리	Do they have a **tail**? 그들은 꼬리가 있니? 보충 Do they ~?는 묻는 말이에요.
lift [lift]	올리다, 리프트	We took a ski **lift**. 우리는 스키 리프트를 탔어. 보충 lift는 〈올리다, 리프트〉의 두가지 뜻이 있어요.
top [tɑp]	꼭대기, 정상	He is at the **top** of the slope. 그는 슬로프 맨 위에 있어. 보충 at은 장소 앞에 쓰여요.
penguin [péŋgwin]	펭귄	**Penguins** have a tail. 펭귄은 꼬리가 있어.

news [njuːz]	뉴스	I have good **news**. 좋은 소식이 있어.
stop [stɑp]	그만두다	**Stop** talking. 그만 얘기 해.
pass [pæs]	통과하다	I didn't **pass** the exam. 시험에 떨어졌어. 보충 didn't는 did not의 줄임 말이에요. 명 exam 시험
slope [sloup]	슬로프	Slide down the **slope**. 슬로프 아래로 슬라이딩해. 동 slide 미끄러지다
egg [eg]	알, 달걀	He is frying an **egg**. 그는 계란 프라이를 하고 있어. 동 fry 프라이하다, 튀기다
goggle [gɔ́gəl]	큰 안경, 고글	You should wear ski **goggles**. 너는 스키 고글을 써야 해. 조동사 should ~해야 한다

A 그림에 맞는 영어 단어를 고르세요.

ⓐ penguin
ⓑ goggle

2

ⓐ tail
ⓑ waist

3

ⓐ slope
ⓑ news

B 영어 단어에 해당하는 우리말 뜻을 찾아 줄을 그으세요.

1. stop · · ⓐ 그만두다
2. slow · · ⓑ 느린
3. top · · ⓒ 소식
4. pass · · ⓓ 꼭대기
5. news · · ⓔ 통과하다

C 다음 단어에 맞는 뜻을 고르세요.

1. egg - 뉴스 - 알 - 허리
2. penguin - 슬로프 - 꼬리 - 펭귄
3. lift - 꼬리 - 통과하다 - 리프트

정답 A - 1. b 2. a 3. a B - 1. a 2. b 3. d 4. e 5. c C - 1. 알 2. 펭귄 3. 리프트

A 빈 칸에 맞는 철자를 넣어 비밀의 단어를 찾아 써 보세요.

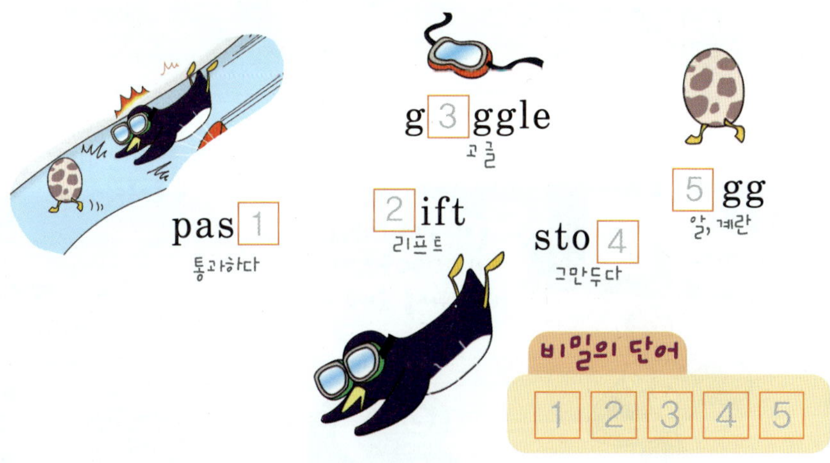

B 이야기가 있는 그림을 연상하면서 단어의 끝말을 이어보세요.

DAY 5 거북이와 토끼의 만찬!

그림을 보면서 이야기해 봐!

토끼와 거북이가 달리기 경주를 한 날 저녁이에요. 낮에 힘든 경주를 하였으니 푸짐한 저녁 식사로 배를 가득 채우려나 봐요. 물론 이웃에 사는 캥거루 가족도 초대했고요. 이들의 만찬을 노리는 개미 가족도 보이는군요.

뛰었더니 땀 나네. 창문을 모두 open해야지.

좋아, rabbit양! 이 nose로 먼저 tea 냄새를 음미하고.

자, turtle군! 특별 준비한 이 fish 맛 좀 보라고.

이런, 아깝게도 ham과 yogurt는 저 녀석들 차지가 되겠군.

아, 목말라. milk 좀 마셔야지.

kangaroo 가족이 벌써 enter 했네.

오늘은 먹이 구하기가 아주 easy하군!

단 어	알고 있어요	이제 알아요
fish	✓	✓
ham		
milk		
kangaroo		
open		
nose		
easy		
yogurt		
turtle		
enter		
rabbit		
tea		
점 수	/12	/12

점수	0~3개	4~7개	8~10개	11~12개
알고 있어요	괜찮아요	많이 알고 있군요	공부 열심히 했군요	굉장한 실력이에요
이제 알아요	힘내서 다시 해봐요	조금 더 집중해요	한번 더 들어봐요	다음으로 넘어가요

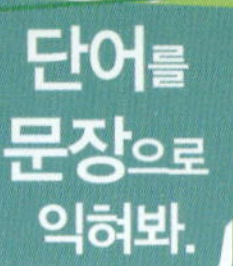

단어를 문장으로 기억하세요.

fish [fiʃ]	물고기, 생선	I like **fish**. 나는 생선을 좋아해.
ham [hæm]	햄	This **ham** is good. 이 햄은 맛있어.
milk [milk]	우유	Drink some **milk**. 우유를 좀 마셔라. 동 drink 마시다
kangaroo [kæ̀ŋgərúː]	캥거루	The **kangaroo** is jumping. 캥거루가 뛰어다니고 있다.
open [óupən]	열다	**Open** your bag. 네 가방을 열어라. 명 bag 가방
nose [nouz]	코	He has a red **nose**. 그는 코가 빨갛다.

easy [í:zi]	쉬운	It is **easy**. 그것은 쉬워.
yogurt [jóugə:rt]	요구르트	Can I have some **yogurt**? 요구르트 좀 먹어도 돼요? 보충 〈Can I ~? 〉는 상대의 허가를 묻는 표현이에요. 동 have 먹다
turtle [tə́:rtl]	거북이	**Turtle**s are slow. 거북이는 느리다.
enter [éntər]	들어가다	May I **enter**? 들어가도 될까요? 보충 〈May I ~?〉는 〈Can I ~?〉와 마찬가지로 허가를 물을 때 써요.
rabbit [rǽbit]	토끼	The **rabbit** is not slow. 토끼는 느리지 않아. 보충 not은 〈아니다〉의 뜻으로 부정을 나타내요.
tea [ti:]	차	I don't like **tea**. 나는 차를 좋아하지 않아. 보충 don't는 〈do not〉의 줄임 말이에요.

A 그림에 맞는 영어 단어를 고르세요.

1 

ⓐ ham
ⓑ fish

2 

ⓐ tea
ⓑ milk

3 

ⓐ rabbit
ⓑ turtle

B 영어 단어에 해당하는 우리말 뜻을 찾아 줄을 그으세요.

1. open •	• ⓐ 캥거루
2. enter •	• ⓑ 열다
3. kangaroo •	• ⓒ 들어가다
4. milk •	• ⓓ 요구르트
5. yogurt •	• ⓔ 우유

C 다음 단어에 맞는 뜻을 고르세요.

1. easy	열다	쉬운	햄
2. nose	생선	우유	코
3. rabbit	토끼	거북이	캥거루

정답 A－1. b 2. a 3. b B－1. b 2. c 3. a 4. e 5. d C－1. 쉬운 2. 코 3. 토끼

A 빈 칸에 맞는 철자를 넣어 비밀의 단어를 찾아 써 보세요.

B 이야기가 있는 그림을 연상하면서 단어의 끝말을 이어보세요.

DAY 6

엄마 아빠는 외출 중!

그림을 보면서 이야기해 봐!

저녁시간이 되어도 부모님이 돌아오지 않자, 배가 고파진 강아지 형제들이 저녁을 준비하기로 했어요. 그런데 무슨 음식을 만들려고 하는지 부엌이 온통 난리가 났군요. 저렇게 난장판이 되었으니 저녁이나 먹을 수 있을지 궁금하네요.

단 어	알고 있어요	이제 알아요
jeans	✓	✓
socks		
scream		
music		
climb		
bread		
dish		
hungry		
yellow		
wet		
towel		
late		
점 수	/12	/12

점수	0~3개	4~7개	8~10개	11~12개
알고 있어요	괜찮아요	많이 알고 있군요	공부 열심히 했군요	굉장한 실력이예요
이제 알아요	힘내서 다시 해봐요	조금 더 집중해요	한번 더 들어봐요	다음으로 넘어가요

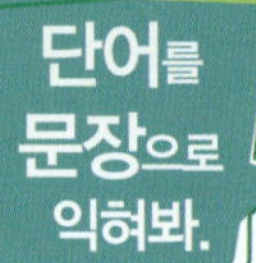

단어를 문장으로 기억하세요.

jeans [dʒiːnz]	바지	I always wear blue **jeans**. 나는 항상 청바지를 입어. 부 always 항상 동 wear 입다
socks [sɑks]	양말	He's wearing pink **socks**. 그는 분홍색 양말을 신고 있다.
scream [skriːm]	소리지르다	The boys are **scream**ing. 남자애들이 소리지르고 있다.
music [mjúːzik]	음악	Do you like **music**? 너는 음악을 좋아하니?
climb [klaim]	기어오르다	He **climbs** a tree well. 그는 나무를 잘 오른다. 보충 주어가 he/she/it으로 한 사람이면 동사에 -s를 붙여요.
bread [bred]	빵	This is your **bread**. 이것은 네 빵이야.

dish [diʃ]	접시	The fish is on the **dish**. 생선이 접시 위에 있다. 보충 on은 위를 나타내는 전치사예요.
hungry [hʌ́ŋgri]	배고픈	Are you **hungry**? 너 배고프니?
yellow [jélou]	노란색(의)	I like **yellow** very much. 나는 노란색을 매우 좋아해. 부 very much 대단히
wet [wet]	젖은	My socks are all **wet**. 양말이 모두 젖었어.
towel [táuəl]	타월	That is your **towel**. 저게 네 타월이야. 보충 that은 멀리 있는 사람이나 사물을 가리키는 말이예요.
late [leit]	늦은	He is always **late**. 그는 항상 늦는다.

A 그림에 맞는 영어 단어를 고르세요.

1 

ⓐ bread
ⓑ late

2 

ⓐ towel
ⓑ climb

3 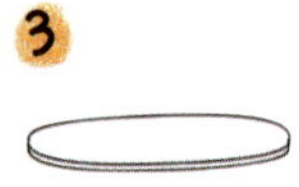

ⓐ wet
ⓑ dish

B 영어 단어에 해당하는 우리말 뜻을 찾아 줄을 그으세요.

1. jeans •	• ⓐ 소리지르다
2. scream •	• ⓑ 배고픈
3. hungry •	• ⓒ 바지
4. yellow •	• ⓓ 양말
5. socks •	• ⓔ 노란색

C 다음 단어에 맞는 뜻을 고르세요.

1. music	생선	젖은	음악
2. dish	접시	양말	빵
3. late	바지	기어오르다	늦은

정답 A - 1. a 2. a 3. b B - 1. c 2. a 3. b 4. e 5. d C - 1. 음악 2. 접시 3. 늦은

A 빈 칸에 맞는 철자를 넣어 비밀의 단어를 찾아 써 보세요.

B 이야기가 있는 그림을 연상하면서 단어의 끝말을 이어보세요.

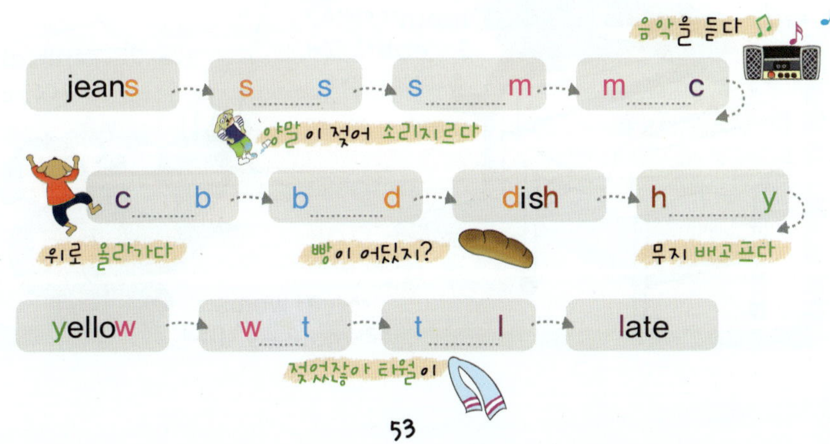

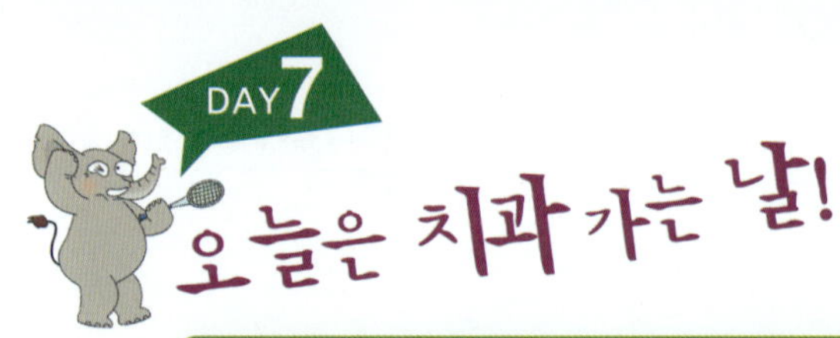

오늘은 치과 가는 날!

그림을 보면서 이야기해 봐!

오늘은 생쥐가 이를 빼러 치과 가는 날이에요. 왠지 치과 의사도 간호사도 무서워 보이는 곳이지요. 진료 기구들도 그렇고요. 하지만 생쥐가 치료를 마치고 무사히 집으로 돌아갈 수 있겠죠?

아, 어지러워. earth가 돈다고 하더니….

hurt하지 않을 거야.

자, tongue은 입 안으로 집어넣고.

험험! 내가 바로 그 유명한 dentist란다. Nurse! 이 아이 elbow 좀 눌러요.

tooth가 아파요. 음식 eat하는 것이 몹시 hard해요.

허걱! table위에 저것들은 뭐지?

아니, 저 woman 우리 mouse를 잡겠네.

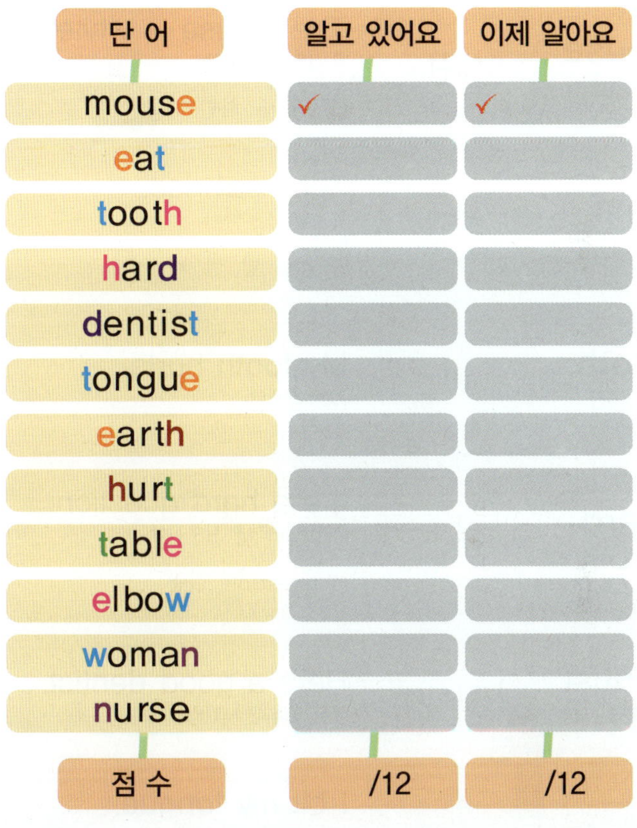

단 어	알고 있어요	이제 알아요
mouse	✓	✓
eat		
tooth		
hard		
dentist		
tongue		
earth		
hurt		
table		
elbow		
woman		
nurse		
점 수	/12	/12

점수	0~3개	4~7개	8~10개	11~12개
알고 있어요	괜찮아요	많이 알고 있군요	공부 열심히 했군요	굉장한 실력이예요
이제 알아요	힘내서 다시 해봐요	조금 더 집중해요	한번 더 들어봐요	다음으로 넘어가요

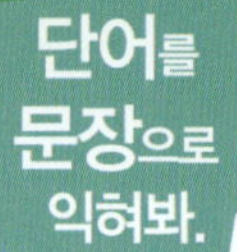

단어를 문장으로 기억하세요.

mouse [maus]	생쥐	The **mouse** is white. 그 생쥐는 하얗다. 형 white 하얀
eat [iːt]	먹다	They **eat** rice. 그들은 밥을 먹어. 명 rice 밥, 쌀, 벼
tooth [tuːθ]	이	My **tooth** hurts. 이가 아프다.
hard [haːrd]	힘든	It's a **hard** question. 그것은 어려운 질문이다. 명 question 질문
dentist [déntist]	치과의사	He's a good **dentist**. 그는 훌륭한 치과의사야.
tongue [tʌŋ]	혀	I bit my **tongue**. 나는 혀를 깨물었어. 동 bite 깨물다 보충 bit는 bite의 과거예요.

earth [ə:rθ]	지구	The **earth** turns. 지구는 돈다. 동 turn 돌다
hurt [hə:rt]	아프다	I **hurt** my arm. 팔을 다쳤어요.
table [téibl]	테이블, 탁자	It's on the **table**. 그것은 테이블 위에 있어.
elbow [élbou]	팔꿈치	My **elbow** hurts. 팔꿈치가 아파.
woman [wúmən]	여자	That **woman** is tall. 저 여자는 키가 크다. 형 tall 키가 큰
nurse [nə:rs]	간호사	She is a **nurse**. 그녀는 간호사야.

A 그림에 맞는 영어 단어를 고르세요.

1

ⓐ elbow
ⓑ tooth

2

ⓐ nurse
ⓑ tongue

3

ⓐ earth
ⓑ mouse

B 영어 단어에 해당하는 우리말 뜻을 찾아 줄을 그으세요.

1. nurse ·	· ⓐ 힘든
2. eat ·	· ⓑ 간호사
3. woman ·	· ⓒ 아프다
4. hard ·	· ⓓ 여자
5. hurt ·	· ⓔ 먹다

C 다음 단어에 맞는 뜻을 고르세요.

1. tooth	혀	이	먹다
2. earth	지구	여자	간호사
3. dentist	아프다	힘든	치과의사

정답 A－1. a 2. b 3. b B－1. b 2. e 3. d 4. a 5. c C－1. 이 2. 지구 3. 치과의사

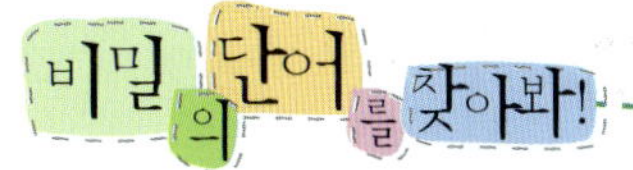

A 빈 칸에 맞는 철자를 넣어 비밀의 단어를 찾아 써 보세요.

B 이야기가 있는 그림을 연상하면서 단어의 끝말을 이어보세요.

DAY 8

독감에 걸린 서커스 광대!

그림을 보면서 이야기해 봐!

서커스 광대가 쇼를 소개하고 있군요. 그런데 뭔가 좀 이상한데요. 광대는 기침을 하다가 그만 외발 자전거에서 떨어지고, 마술사는 자신이 주문하는 대로 마술이 잘 되지 않는 등 엉망이에요. 이 어수선한 틈을 노리는 원숭이도 보이고요.

헤헤! 몹시 noisy하군! 오늘 밤이 절호의 기회다.

wall을 타고 올라가 roof로 탈출하자.

아, 제가 보여드릴 mag umbrella에서 ladder가 나오는 겁니

제가 flu에 걸려서… 에취!

수리 수리 마수리 ladder 얍! 오잉? 우째 이런 일이!

오늘 show에는 제가 rainbow 무늬 옷을 wear했는데…에취!

에구구, arm이 부러지고 말았어. 흑흑! 이 clown 신세…

단 어	알고 있어요	이제 알아요
show	✓	✓
wear		
rainbow		
wall		
ladder		
roof		
flu		
umbrella		
arm		
magic		
clown		
noisy		
점 수	/12	/12

점수	0~3개	4~7개	8~10개	11~12개
알고 있어요	괜찮아요	많이 알고 있군요	공부 열심히 했군요	굉장한 실력이예요
이제 알아요	힘내서 다시 해봐요	조금 더 집중해요	한번 더 들어봐요	다음으로 넘어가요

단어를 문장으로 익혀봐.

단어를 문장으로 기억하세요.

show [ʃou]	쇼	We're having a magic **show**. 우리는 마술 쇼를 하고 있습니다. 보충 〈We're〉는 〈We are〉의 줄임 말이에요.
wear [wɛər]	입다	I'm **wear**ing a hat. 저는 모자를 쓰고 있어요. 명 hat 모자
rainbow [réinbòu]	무지개	That is a **rainbow**. 저것은 무지개야.
wall [wɔːl]	벽	The **wall** is red. 벽이 빨간 색이야.
ladder [lǽdər]	사다리	Climb up the **ladder**. 사다리를 타고 올라가. 동 climb 기어 오르다
roof [ruːf]	지붕	It is on the **roof**. 그것은 지붕 위에 있어.

flu [fluː]	독감	I have the **flu**. 나는 독감에 걸렸어.
umbrella [ʌmbrélə]	우산	My **umbrella** is blue. 내 우산은 파란색이야.
arm [ɑːrm]	팔	My **arm** is broken. 내 팔이 부러졌어. 형 broken 부러진, 고장난, 깨진
magic [mǽdʒik]	마술	This is a **magic** umbrella. 이것은 마술 우산입니다.
clown [klaun]	광대	The **clown** is funny. 그 광대는 우스꽝스럽다.
noisy [nɔ́izi]	시끄러운	It's very **noisy**. 아주 소란스럽다.

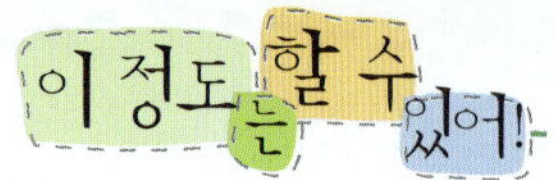

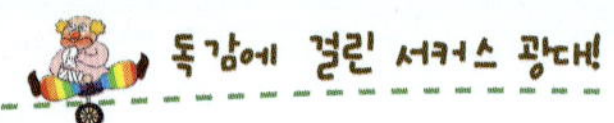

A 그림에 맞는 영어 단어를 고르세요.

1 

ⓐ wear
ⓑ ladder

2 

ⓐ flu
ⓑ clown

3 

ⓐ umbrella
ⓑ rainbow

B 영어 단어에 해당하는 우리말 뜻을 찾아 줄을 그으세요.

1. wall •	• ⓐ 팔
2. roof •	• ⓑ 쇼
3. noisy •	• ⓒ 벽
4. arm •	• ⓓ 지붕
5. show •	• ⓔ 시끄러운

C 다음 단어에 맞는 뜻을 고르세요.

1. rainbow	사다리	지붕	무지개
2. wall	독감	입다	벽
3. noisy	시끄러운	우산	팔

정답 A－1. b 2. b 3. a B－1. c 2. d 3. e 4. a 5. b C－1. 무지개 2. 벽 3. 시끄러운

A 빈 칸에 맞는 철자를 넣어 비밀의 단어를 찾아 써 보세요.

B 이야기가 있는 그림을 연상하면서 단어의 끝말을 이어보세요.

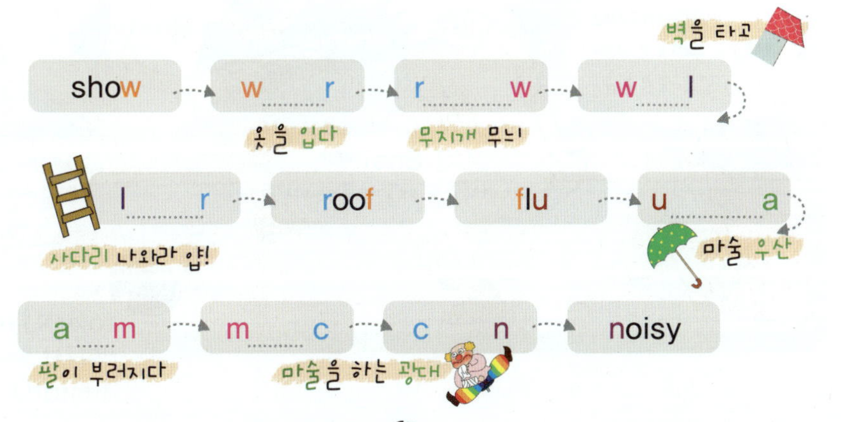

DAY 9

달팽이 소탕 작전!

그림을 보면서 이야기해 봐!

어느 비 오는 날 여우네 집에 달팽이들이 총 출동했네요. 온 집안을 기어 다니는 달팽이들 때문에 여우네 집은 아수라장이 되었는데요. 이들을 소탕하기 위한 작전을 짜느라 몹시 분주한 여우네 가족들! 과연 달팽이 소탕 작전은 성공할까요?

단 어	알고 있어요	이제 알아요
snail	✓	✓
light		
travel		
leaf		
fox		
xylophone		
timid		
drum		
move		
elf		
foolish		
hot		
점 수	/12	/12

점수	0~3개	4~7개	8~10개	11~12개
알고 있어요	괜찮아요	많이 알고 있군요	공부 열심히 했군요	굉장한 실력이예요
이제 알아요	힘내서 다시 해봐요	조금 더 집중해요	한번 더 들어봐요	다음으로 넘어가요

단어를 문장으로 익혀봐.

단어를 문장으로 기억하세요.

snail [sneil]	달팽이	He's slow like a **snail**. 그는 달팽이처럼 느리다. 전 like ~처럼
light [lait]	불, 빛	Turn on the **light**. 불을 켜라. 동 turn on ~을 켜다
travel [trǽvəl]	여행하다	I like **travel**ing. 나는 여행하기를 좋아해.
leaf [li:f]	잎사귀	This tree has large **leaves**. 이 나무의 잎사귀는 넓다. 형 large 큰, 커다란
fox [fɑks]	여우	**Fox**es are clever. 여우는 영리하다. 형 clever 영리한
xylophone [záiləfòun]	실로폰	She's playing the **xylophone**. 그녀는 실로폰을 연주하고 있어. 동 play 연주하다

timid [tímid]	겁많은	They are very **timid**. 그들은 매우 겁이 많아.
drum [drʌm]	드럼	It's noisy. Don't play the **drum**. 시끄러워. 드럼 치지마. 형 noisy 시끄러운
move [mu:v]	이사하다	We're **moving** tomorrow. 우리 내일 이사 가. 부 tomorrow 내일
elf [elf]	요정	The **elf** lives there. 요정이 저기에 산다. 동 live 살다
foolish [fú:liʃ]	어리석은	They are **foolish**. 그들은 어리석다. 대 they 그들은
hot [hɑt]	더운, 뜨거운	It's very **hot** today. 오늘은 매우 덥다.

A 그림에 맞는 영어 단어를 고르세요.

1

ⓐ drum
ⓑ xylophone

2

ⓐ timid
ⓑ leaf

3

ⓐ snail
ⓑ fox

B 영어 단어에 해당하는 우리말 뜻을 찾아 줄을 그으세요.

1. hot ·	· ⓐ 이사하다
2. foolish ·	· ⓑ 여행하다
3. light ·	· ⓒ 불, 빛
4. move ·	· ⓓ 뜨거운, 더운
5. travel ·	· ⓔ 어리석은

C 다음 단어에 맞는 뜻을 고르세요.

1. snail	여우	달팽이	이사하다
2. elf	요정	잎사귀	불, 빛
3. timid	겁많은	어리석은	뜨거운

정답 A－1. a 2. b 3. b B－1. d 2. e 3. c 4. a 5. b C－1. 달팽이 2. 요정 3. 겁많은

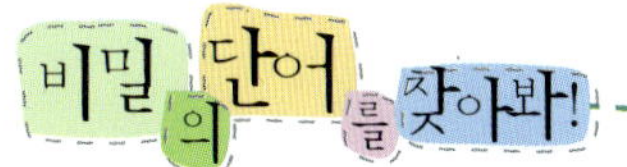

A 빈 칸에 맞는 철자를 넣어 비밀의 단어를 찾아 써 보세요.

B 이야기가 있는 그림을 연상하면서 단어의 끝말을 이어보세요.

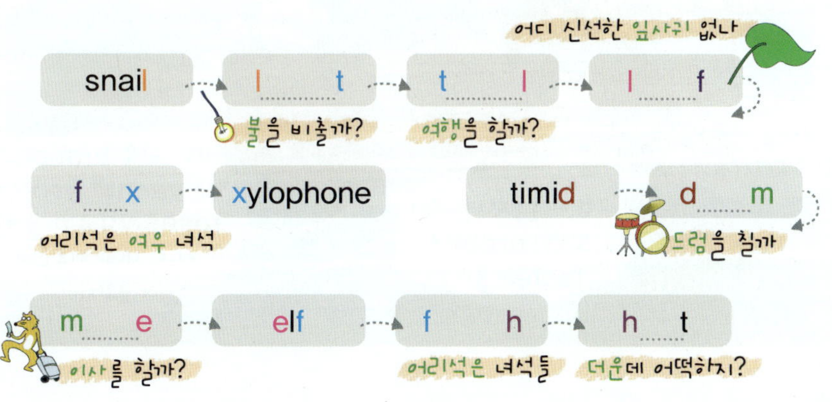

DAY 10 거미의 체험 여행!

그림을 보면서 이야기해 봐!

거미가 나뭇가지로 요트를 만들어 세상 구경을 나섰네요. 거미 집을 보니 몇 주 동안 여행을 해도 배고플 염려는 없겠군요. 부지런한 거미가 벌써 거미줄에 식사를 잔뜩 챙겨왔으니까요.

아니, 저 녀석이? 내가 아무리 busy해도 우리 동족을 못 본체 해서야….

저 녀석은 왜 거미줄에 걸리지 않는 걸까? 자기 집이라서 그런가?

아이고! 이렇게 hang하고 있다가는 내 목숨도 저 파리 목숨이 될 텐데….

헤이, Spider씨! 이 rose를 give할 테니 두 마리 bees와 바꾸자.

여행 준비 완료! 진짜 exciting한데.

이 river를 타고 내려가면 무엇이 나올까?

그럼 이 통통한 녀석부터 단단히 grab하고 taste해 볼까?

가만, 나무 branch로 만든 yacht라 좀 삭막한데 rose로 장식 좀 해 볼까? 아냐, 내 배 채우는게 더 급하지….

단 어	알고 있어요	이제 알아요
bees	✓	✓
spider		
river		
rose		
exciting		
give		
branch		
hang		
grab		
busy		
yacht		
taste		
점 수	/12	/12

점수	0~3개	4~7개	8~10개	11~12개
알고 있어요	괜찮아요	많이 알고 있군요	공부 열심히 했군요	굉장한 실력이예요
이제 알아요	힘내서 다시 해봐요	조금 더 집중해요	한번 더 들어봐요	다음으로 넘어가요

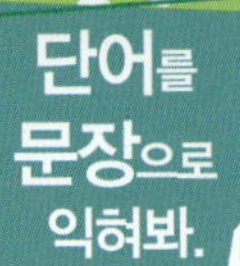

단어를 문장으로 기억하세요.

bees [biːz]	벌	**Bees** are very busy. 벌들이 매우 바쁘다.
spider [spáidər]	거미	A **spider** spins a web. 거미가 거미줄을 친다. 숙어 spin a web 거미줄을 치다
river [rívər]	강	The **river** is deep. 강이 깊다. 형 deep 깊은
rose [rouz]	장미	My mother likes **roses**. 우리 어머니는 장미를 좋아해.
exciting [iksáitiŋ]	신나는	This game is **exciting**. 이 게임은 신난다.
give [giv]	주다	**Give** me the rose. 그 장미 나에게 줘.

branch [bræntʃ]	나뭇가지	Don't cut a tree **branch**. 나뭇가지를 자르지 마라. 동 cut 자르다
hang [hæŋ]	매달리다	The bees are **hang**ing in a web. 벌들이 거미줄에 매달려 있다. 명 web 거미줄
grab [græb]	붙잡다	The spider **grab**bed the bees. 거미가 벌들을 꽉 붙잡았다. 보충 grab의 과거는 grabbed예요.
busy [bízi]	바쁜	The spider is **busy** spinning a web. 거미는 거미줄을 치느라 바쁘다.
yacht [jɑt]	요트	The **yacht** is on the water. 요트가 물 위에 있다.
taste [teist]	맛보다	It **taste**s good. 맛이 좋다.

A 그림에 맞는 영어 단어를 고르세요.

1 

ⓐ rose
ⓑ give

2 

ⓐ yacht
ⓑ river

3 

ⓐ bees
ⓑ spider

B 영어 단어에 해당하는 우리말 뜻을 찾아 줄을 그으세요.

1. branch •	• ⓐ 매달리다
2. hang •	• ⓑ 신나는
3. exciting •	• ⓒ 나뭇가지
4. busy •	• ⓓ 바쁜
5. grab •	• ⓔ 붙잡다

C 다음 단어에 맞는 뜻을 고르세요.

1. taste	붙잡다	매달리다	맛보다
2. river	강	장미	벌
3. give	주다	바쁜	신나는

정답 A - 1. a 2. a 3. b B - 1. c 2. a 3. b 4. d 5. e C - 1. 맛보다 2. 강 3. 주다

A 빈 칸에 맞는 철자를 넣어 비밀의 단어를 찾아 써 보세요.

B 이야기가 있는 그림을 연상하면서 단어의 끝말을 이어보세요.

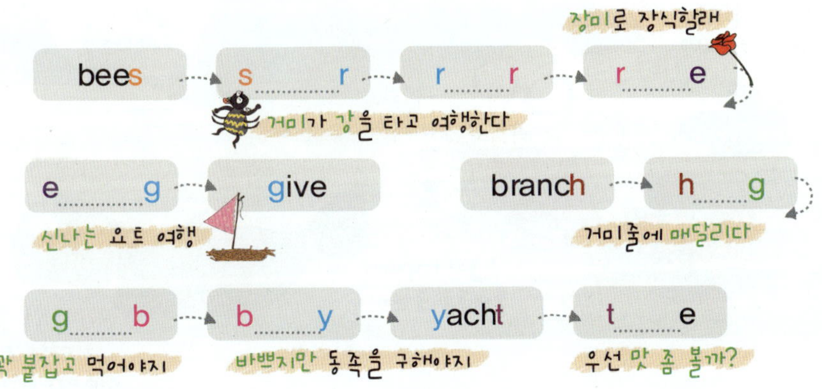

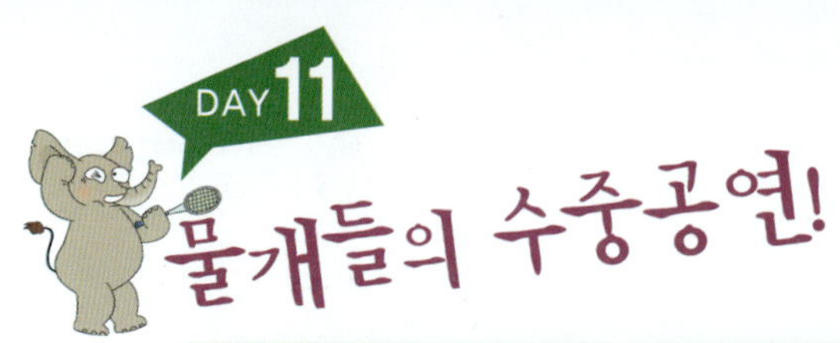

DAY 11 물개들의 수중공연!

그림을 보면서 이야기해 봐!

물개들이 공연을 하기로 한 날이예요. 그 동안 물개 대장이 물개들에게 열심히 수중 훈련을 시켰는데요. 물개들은 잔뜩 긴장하여 어찌할 바를 모르고 있군요. 과연 오늘 물개들이 공연을 잘 마칠 수 있을까요?

너희는 자랑스런 seal 대표단원이다. 공연을 무사히 마치면 생선 10마리를 present로 주마.

Good!

앗싸! 10마리~ 멋진 diving 실력도 보여 줘야지.

자, 모두들 준비됐나? ring을 high 던질 거야. 잘 catch할 수 있겠나?

저는 glass를 떨어트리면 어떡하죠?

오늘의 topic은 물개들의 공연이야.

Boss님! 물 속에서 lie하고 있을 때 sleep 하면 어쩌죠?

단 어	알고 있어요	이제 알아요
ring	✓	✓
good		
diving		
glass		
seal		
lie		
boss		
sleep		
present		
topic		
catch		
high		
점 수	/12	/12

점수	0~3개	4~7개	8~10개	11~12개
알고 있어요	괜찮아요	많이 알고 있군요	공부 열심히 했군요	굉장한 실력이예요
이제 알아요	힘내서 다시 해봐요	조금 더 집중해요	한번 더 들어봐요	다음으로 넘어가요

단어를 문장으로 익혀봐.

단어를 문장으로 기억하세요.

ring [riŋ]	고리	Can you catch a **ring**? 고리를 잡을 수 있겠니? 보충 〈Can you~?〉는 〈~할 수 있겠니?〉의 뜻이예요.
good [gud]	좋은	**Good** morning. 좋은 아침이예요.
diving [dáiviŋ]	다이빙	The seal is **diving**. 물개가 다이빙하고 있다. 동 dive 다이빙하다
glass [glæs]	유리잔	I want a **glass** of milk. 우유 한잔 마시고 싶다. 동 want 원하다
seal [siːl]	물개	The **seal** swims well. 물개는 수영을 잘한다. 동 swim 수영하다 부 well 잘
lie [lai]	눕다	Please **lie** down. 누우시오. 부 please 부디, 제발

boss [bɔːs]	대장	Do you like your **boss**? 네 대장이 맘에 드니?
sleep [sliːp]	잠자다	They are **sleeping**. 그들은 잠자고 있다.
present [prézənt]	선물	This is a **present** for you. 이건 너에게 줄 선물이야.
topic [tápik]	주제	What is the **topic**? 주제가 무엇인가? 의 what 무엇
catch [kætʃ]	잡다	I'll **catch** it. 내가 잡을게. 보충 〈I'll〉은 〈I will〉의 줄임 말이에요.
high [hai]	높이	It's too **high**. 그것은 너무 높아. 부 too 매우, 대단히

A 그림에 맞는 영어 단어를 고르세요.

1

ⓐ ring
ⓑ present

2

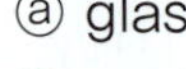

ⓐ glass
ⓑ seal

3

ⓐ sleep
ⓑ catch

B 영어 단어에 해당하는 우리말 뜻을 찾아 줄을 그으세요.

1. ring •	• ⓐ 고리
2. good •	• ⓑ 눕다
3. lie •	• ⓒ 좋은
4. boss •	• ⓓ 높이
5. high •	• ⓔ 대장

C 다음 단어에 맞는 뜻을 고르세요.

1. glass	풀	유리잔	선물
2. topic	주제	대장	고리
3. catch	눕다	잡다	자다

정답 A－1. b 2. b 3. a B－1. a 2. c 3. b 4. e 5. d C－1. 유리잔 2. 주제 3. 잡다

A 빈 칸에 맞는 철자를 넣어 비밀의 단어를 찾아 써 보세요.

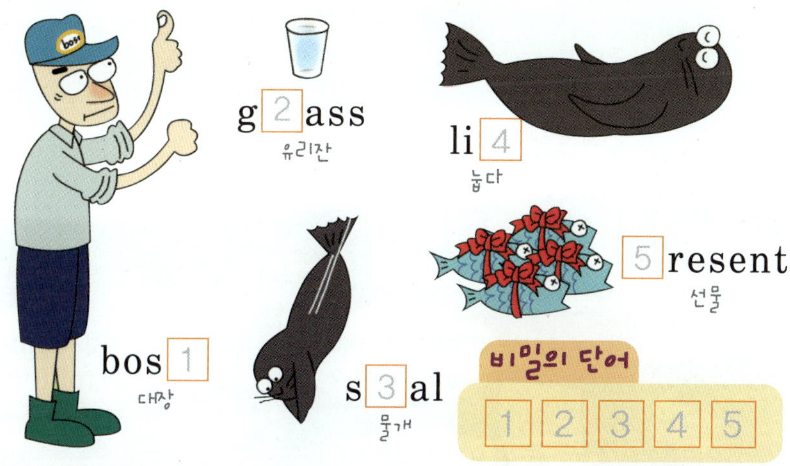

B 이야기가 있는 그림을 연상하면서 단어의 끝말을 이어보세요.

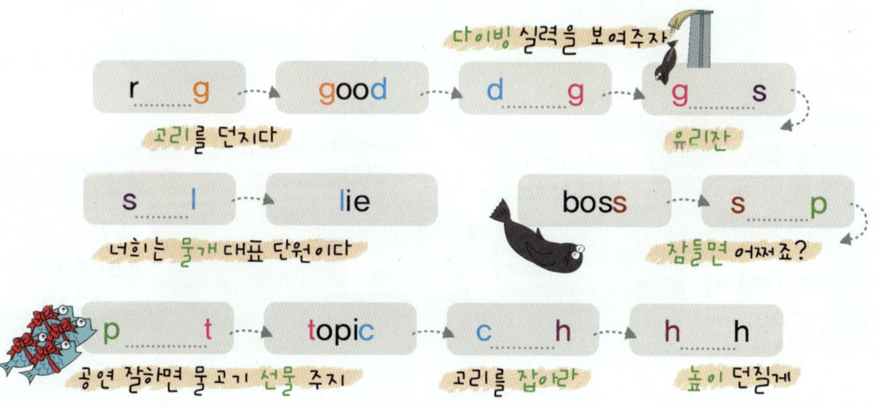

DAY 12

공룡들의 수학 공부!

그림을 보면서 이야기해 봐!

여러분, 같이 공룡학교로 구경하러 가 볼까요? 공룡들이 시험공부를 하느라 모두들 열심인데요. 공룡들은 어떻게 수학공부를 하는지 살펴보기로 해요. 돌멩이, 나뭇가지, 잎사귀들 그리고 동물의 뼈 등이 수업 교구인가 봐요.

단어	알고 있어요	이제 알아요
class	✓	✓
school		
lunch		
hand		
dinosaur		
rock		
foot		
ticket		
thumb		
bone		
exam		
math		
점 수	/12	/12

점수	0~3개	4~7개	8~10개	11~12개
알고 있어요	괜찮아요	많이 알고 있군요	공부 열심히 했군요	굉장한 실력이예요
이제 알아요	힘내서 다시 해봐요	조금 더 집중해요	한번 더 들어봐요	다음으로 넘어가요

단어를 문장으로 익혀봐.

단어를 문장으로 기억하세요.

class [klæs]	수업, 반	This is my **class**. 여기가 우리 반이야.
school [skuːl]	학교	I don't like **school**. 나는 학교가 싫어.
lunch [lʌntʃ]	점심	It's time for **lunch**. 점심 시간이다. 명 time 시간
hand [hænd]	손	My **hands** are cold. 손이 시렵다. 형 cold 추운
dinosaur [dáinəsɔ̀ːr]	공룡	This is a **dinosaur**'s bone. 이것은 공룡 뼈야.
rock [rɑk]	바위	My lunch is on the **rock**. 내 점심이 바위 위에 있다.

foot [fut]	발	I have three **toes**. 나는 발가락이 세 개야. 명 toe 발가락
ticket [tíkit]	표	**Show** me the **ticket**. 내게 표 보여주어 봐. 동 show 보여주다
thumb [θʌm]	엄지손가락	I **hurt** my **thumb**. 엄지 손가락을 다쳤어. 동 hurt 다치다
bone [boun]	뼈	I'll **give** you the **bone**. 그 뼈 너에게 줄게. 동 give 주다
exam [igzǽm]	시험	I'm not **ready** for the **exam**. 나는 시험 볼 준비가 안 되었어. 형 ready 준비가 된
math [mæθ]	수학	He likes **math**. 그는 수학을 좋아해.

A 그림에 맞는 영어 단어를 고르세요.

1

ⓐ bone
ⓑ math

2

ⓐ rock
ⓑ hand

3

ⓐ thumb
ⓑ ticket

B 영어 단어에 해당하는 우리말 뜻을 찾아 줄을 그으세요.

1. lunch ·	· ⓐ 시험
2. exam ·	· ⓑ 수업, 반
3. school ·	· ⓒ 점심
4. dinosaur ·	· ⓓ 학교
5. class ·	· ⓔ 공룡

C 다음 단어에 맞는 뜻을 고르세요.

1. foot	팔	발	다리
2. math	수학	학교	수업
3. thumb	발가락	손가락	엄지손가락

정답 A－1. a 2. a 3. b B－1. c 2. a 3. d 4. e 5. b C－1. 발 2. 수학 3. 엄지손가락

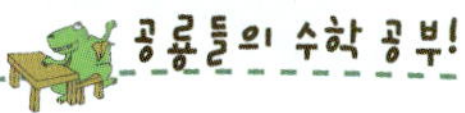

A 빈 칸에 맞는 철자를 넣어 비밀의 단어를 찾아 써 보세요.

B 이야기가 있는 그림을 연상하면서 단어의 끝말을 이어보세요.

DAY 13

플라밍고에 반한 거구 하마!

그림을 보면서 이야기해 봐!

뚱뚱하고 못생긴 거구 하마가 플라밍고에게 첫 눈에 반했어요. 플라밍고에게 아무리 놀림을 당해도 하마들은 서로 선의의 경쟁자가 되어 마냥 즐거워하고 있군요. 무척 행복해 보이는 친구들이죠?

단 어	알고 있어요	이제 알아요
ugly	✓	✓
year		
rivals		
swim		
mouth		
heavy		
short		
think		
kiss		
send		
dish		
hippo		
점 수	/12	/12

점수	0~3개	4~7개	8~10개	11~12개
알고 있어요	괜찮아요	많이 알고 있군요	공부 열심히 했군요	굉장한 실력이예요
이제 알아요	힘내서 다시 해봐요	조금 더 집중해요	한번 더 들어봐요	다음으로 넘어가요

단어를 문장으로 익혀봐.

단어를 문장으로 기억하세요.

ugly [ʌ́gli]	못생긴	The hippo is **ugly**. 하마는 못생겼어.
year [jiər]	해, 연	Happy New **Year**! 새해 복 많이 받으세요.
rivals [ráivəlz]	경쟁자들	They are **rivals**. 그들은 경쟁자들이다. 명 rival 경쟁자, 라이벌
swim [swim]	수영하다	I can't **swim**. 나는 수영을 못해. 보충 can't는 <can not>의 줄임 말이에요.
mouth [mauθ]	입	The hippo has a big **mouth**. 하마는 입이 크다.
heavy [hévi]	무거운	The rock is **heavy**. 바위는 무겁다. 명 rock 바위

short [ʃɔːrt]	짧은	His legs are **short**. 그의 다리는 짧아. 명 leg 다리
think [θiŋk]	생각하다	I **think** you are cute. 너는 귀여운 것 같아. 형 cute 귀여운
kiss [kis]	키스	Give me a good night **kiss**. 잘 자라고 키스해 주세요. 보충 Good night! 잘 자
send [send]	보내다	**Send** me a letter. 편지를 보내 줘. 명 letter 편지
dish [diʃ]	요리	It's a great spaghetti **dish**. 그건 맛있는 스파게티 요리야.
hippo [hípou]	하마	The **hippo** eats grass. 하마는 풀을 먹어. 명 grass 풀

A 그림에 맞는 영어 단어를 고르세요.

1

ⓐ send
ⓑ hippo

2

ⓐ dish
ⓑ mouth

3

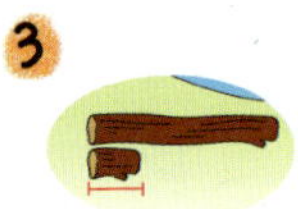

ⓐ short
ⓑ year

B 영어 단어에 해당하는 우리말 뜻을 찾아 줄을 그으세요.

1. send •	• ⓐ 보내다
2. ugly •	• ⓑ 해, 연
3. year •	• ⓒ 요리
4. rivals •	• ⓓ 못생긴
5. dish •	• ⓔ 경쟁자들

C 다음 단어에 맞는 뜻을 고르세요.

1. swim - - - 짧은 - - - 못생긴 - - - 수영하다
2. heavy - - - 요리 - - - 쟁자들 - - - 무거운
3. think - - - 생각하다 - - - 보내다 - - - 해, 연

정답 A - 1. b 2. b 3. a B - 1. a 2. d 3. b 4. e 5. c C - 1. 수영하다 2. 무거운 3. 생각하다

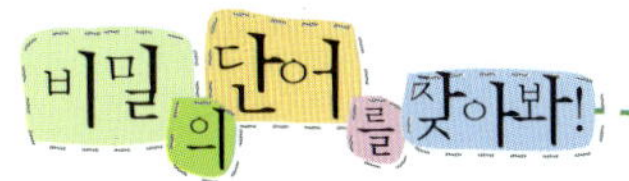

A 빈 칸에 맞는 철자를 넣어 비밀의 단어를 찾아 써 보세요.

B 이야기가 있는 그림을 연상하면서 단어의 끝말을 이어보세요.

DAY 14 닭 가족의 여름 휴가!

그림을 보면서 이야기해 봐!

찜통 더위를 견디지 못하는 닭 가족이 결국 여름 휴가를 떠나기로 했어요. 호수에서 시원한 휴가를 즐기고 싶은데, 문제는 이미 오리 가족이 호수를 차지하고 있다는 것이죠. 과연 닭 가족은 이 호수에서 휴가를 즐길 수 있을까요?

vacation 왔으니 시원하게 놀다 갑시다.

좋아요. 많이 지쳤으니 기운을 얻을 need가 있어요.

Mrs. Duck! 우리는 danger해서 깊이 들어가지도 않아요.

호수 near에서 wash만 할 건데 그것도 안 된다는 거예요?

이 road를 따라가면 뭐가 나올까?

애들과 먼저 물 속에 들어가구려.

이봐요, Mrs. Hen. 계속 들어가면 당신 knee를 kick할 거예요.

와! 쟤 rap잘 하는데?

쟤네들도 knee가 있나?

아, 뭐 그렇다면야…. 어쨌든 거긴 우리 place예요.

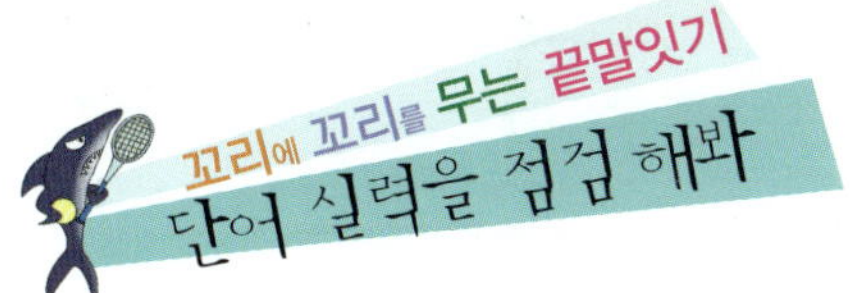

단 어	알고 있어요	이제 알아요
wash	✓	✓
hen		
need		
danger		
rap		
place		
vacation		
near		
road		
duck		
kick		
knee		
점 수	/12	/12

점수	0~3개	4~7개	8~10개	11~12개
알고 있어요	괜찮아요	많이 알고 있군요	공부 열심히 했군요	굉장한 실력이예요
이제 알아요	힘내서 다시 해봐요	조금 더 집중해요	한번 더 들어봐요	다음으로 넘어가요

단어를 문장으로 익혀봐.

단어를 문장으로 기억하세요.

wash [wɑʃ]	씻다	**Wash** your hands. 손을 씻어라.
hen [hen]	암탉	The **hen** has three chicks. 그 암탉에게는 병아리가 세 마리 있다. 보충 수탉은 cock이라고 해요
need [niːd]	필요하다	We **need** some water. 우리는 물이 좀 필요해요. 형 some 약간의
danger [déindʒər]	위험	**Danger** comes near. 위험이 다가온다. 동 come 오다
rap [ræp]	내뱉듯 말하다	I like **rap** music. 나는 랩 음악을 좋아해.
place [pleis]	장소, 자리	This is our **place**. 이 곳은 우리 자리야. 대 our 우리의

vacation [veikéiʃən]	휴가	We are on **vacation**. 우리는 휴가 중이에요. 숙어 on vacation 휴가 중
near [niər]	가까이	It's very **near**. 그 곳은 매우 가까워.
road [roud]	길	The **road** is closed. 그 도로는 폐쇄되어 있다. 형 closed 닫힌, 폐쇄된
duck [dʌk]	오리	**Duck**s are in the lake. 오리들이 호수에 있다. 명 lake 호수
kick [kik]	차다	Don't **kick** it. 발로 차지 마.
knee [niː]	무릎	My **knee** hurts. 무릎이 아프다. 동 hurt 아프다

A 그림에 맞는 영어 단어를 고르세요.

1 

ⓐ hen
ⓑ duck

2 

ⓐ knee
ⓑ kick

3 

ⓐ near
ⓑ road

B 영어 단어에 해당하는 우리말 뜻을 찾아 줄을 그으세요.

1. wash •	• ⓐ 휴가
2. danger •	• ⓑ 씻다
3. need •	• ⓒ 내뱉듯 말하다
4. vacation •	• ⓓ 위험
5. rap •	• ⓔ 필요하다

C 다음 단어에 맞는 뜻을 고르세요.

1. place	길	무릎	장소
2. kick	차다	씻다	필요하다
3. near	휴가	내뱉듯 말하다	가까이

정답 A - 1. b 2. a 3. b B - 1. b 2. d 3. e 4. a 5. c C - 1. 장소 2. 차다 3. 가까이

A 빈 칸에 맞는 철자를 넣어 비밀의 단어를 찾아 써 보세요.

B 이야기가 있는 그림을 연상하면서 단어의 끝말을 이어보세요.

DAY 15

입 큰 개구리의 식사시간!

그림을 보면서 이야기해 봐!

과일을 좋아하는 입이 큰 개구리가 있었어요. 수박을 제일 좋아하는 입 큰 개구리가 우적우적 먹어대니 바닥으로 흘리는 게 절반이나 된대요. 그러니 개구리 밑에 개미들이 진을 치고 있을 수 밖에요.

단 어	알고 있어요	이제 알아요
wood	✓	✓
dessert		
tomorrow		
watermelon		
noise		
early		
half		
favorite		
eight		
team		
moment		
time		
점 수	/12	/12

점수	0~3개	4~7개	8~10개	11~12개
알고 있어요	괜찮아요	많이 알고 있군요	공부 열심히 했군요	굉장한 실력이예요
이제 알아요	힘내서 다시 해봐요	조금 더 집중해요	한번 더 들어봐요	다음으로 넘어가요

단어를 문장으로 익혀봐.

단어를 문장으로 기억하세요.

wood [wud]	나무	Don't cut the **wood**. 그 나무를 자르지 마라.
dessert [dizə́:rt]	후식	What is today's **dessert**? 오늘 후식은 뭐예요? 의 what 무엇
tomorrow [təmɔ́:rou]	내일	See you **tomorrow**. 내일 보자.
watermelon [wɔ́:tərmèlən]	수박	This **watermelon** is great. 이 수박은 맛있어.
noise [nɔiz]	소음, 시끄러움	What's that **noise**? 저게 무슨 소리지? 대 that 저것은
early [ə́:rli]	일찍	Get up **early**. 일찍 일어나라. 숙어 get up 일어나다

half [hæf]	절반	**Half** of this watermelon is yours. 이 수박 절반은 네 거야. 대 yours 너의 것
favorite [féivərit]	아주 좋아하는	This is my **favorite** dessert. 이것은 내가 제일 좋아하는 후식이야.
eight [eit]	여덟	It's **eight** o'clock. 8시야. 명 o'clock ~시
team [tiːm]	팀	Our **team** goes first. 우리 팀이 먼저 간다.
moment [móumənt]	순간	Just a **moment**, please. 잠깐만 기다려줘.
time [taim]	시간	What **time** is it? 몇 시지? 보충 〈What time~?〉은 〈몇 시〉를 뜻해요.

6:00 AM.

A 그림에 맞는 영어 단어를 고르세요.

1

ⓐ noise
ⓑ wood

2

ⓐ tomorrow
ⓑ watermelon

3

ⓐ dessert
ⓑ team

B 영어 단어에 해당하는 우리말 뜻을 찾아 줄을 그으세요.

1. time	ⓐ 팀
2. team	ⓑ 시간
3. eight	ⓒ 여덟
4. favorite	ⓓ 소음
5. noise	ⓔ 아주 좋아하는

C 다음 단어에 맞는 뜻을 고르세요.

1. early	일찍	순간	절반
2. half	절반	소음	시간
3. moment	소음	후식	순간

정답 A – 1. b 2. b 3. a B – 1. b 2. a 3. c 4. e 5. d C – 1. 일찍 2. 절반 3. 순간

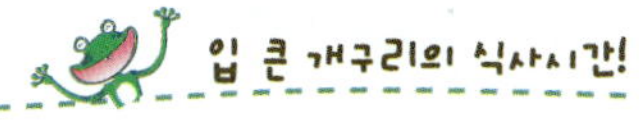

A 빈 칸에 맞는 철자를 넣어 비밀의 단어를 찾아 써 보세요.

B 이야기가 있는 그림을 연상하면서 단어의 끝말을 이어보세요.

DAY 16

숲속나라 동물들의 음악회!

그림을 보면서 이야기해 봐!

숲 속 나라 동물 친구들이 음악제를 열었어요. 모두 신이 나서 춤추고 노래하며 악기를 연주하고 있군요. 그런데 가만, 여우가 조금 수상하지 않나요? 교활한 여우에게 무슨 꿍꿍이가 있는 것 같은데요. 신나게 놀고 있는 동물 친구들! 이런, 정말 큰일났군요.

단 어	알고 있어요	이제 알아요
sit	✓	✓
twist		
tiger		
roll		
light		
triangle		
cymbals		
sing		
ghost		
till		
lizard		
deer		
점 수	/12	/12

점수	0~3개	4~7개	8~10개	11~12개
알고 있어요	괜찮아요	많이 알고 있군요	공부 열심히 했군요	굉장한 실력이예요
이제 알아요	힘내서 다시 해봐요	조금 더 집중해요	한번 더 들어봐요	다음으로 넘어가요

단어를 문장으로 익혀봐.

단어를 문장으로 기억하세요.

sit [sit]	앉다	**Sit** down, please. 앉으세요.
twist [twist]	트위스트	Let's dance the **twist**. 트위스트를 추자. 동 dance 춤추다
tiger [táigər]	호랑이	The **tiger** is dancing. 호랑이가 춤추고 있다.
roll [roul]	구르다	The ball is **roll**ing down the hill. 공이 언덕 아래로 굴러가고 있다. 명 hill 언덕
light [lait]	가벼운	The dancer is not **light**. 그 무용수는 가볍지 않아. 명 dancer 무용수
triangle [tráiæŋgəl]	트라이앵글	Don't play the **triangle**. 트라이앵글 연주하지 마. 동 play 연주하다

cymbals [símbəlz]	심벌즈	Who plays the **cymbals**? 누가 심벌즈를 연주하지? 의 who 누구, 누가
sing [siŋ]	노래하다	They are **sing**ing. 그들은 노래 부르고 있다.
ghost [goust]	유령	Do you see the **ghost**? 저 유령이 보이니?
till [til]	~까지	Wait **till** it's over. 끝날 때까지 기다려. 숙어 be over 끝나다
lizard [lízərd]	도마뱀	A **lizard** has a long tail. 도마뱀은 꼬리가 길다. 명 tail 꼬리
deer [diər]	사슴	The **deer** is running. 사슴이 달리고 있다. 동 run 달리다

A 그림에 맞는 영어 단어를 고르세요.

1 

ⓐ triangle
ⓑ cymbals

2 

ⓐ tiger
ⓑ lizard

3 

ⓐ deer
ⓑ ghost

B 영어 단어에 해당하는 우리말 뜻을 찾아 줄을 그으세요.

1. sit •	• ⓐ 구르다
2. till •	• ⓑ 앉다
3. light •	• ⓒ 트위스트
4. roll •	• ⓓ ~까지
5. twist •	• ⓔ 가벼운

C 다음 단어에 맞는 뜻을 고르세요.

1. sing	구르다	노래하다	가벼운
2. tiger	고릴라	사슴	호랑이
3. cymbals	심벌즈	트라이앵글	구르다

정답 A – 1. a 2. b 3. a B – 1. b 2. d 3. e 4. a 5. c C – 1. 노래하다 2. 호랑이 3. 심벌즈

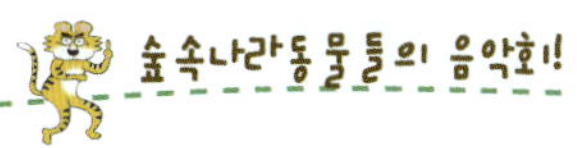

A 빈 칸에 맞는 철자를 넣어 비밀의 단어를 찾아 써 보세요.

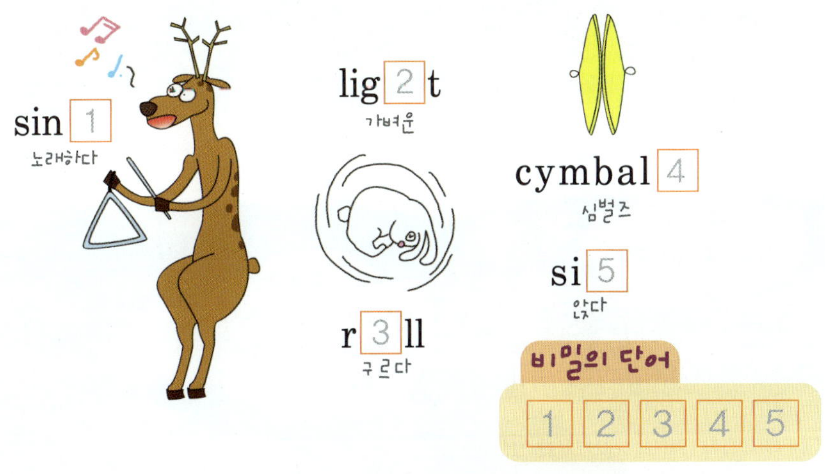

B 이야기가 있는 그림을 연상하면서 단어의 끝말을 이어보세요.

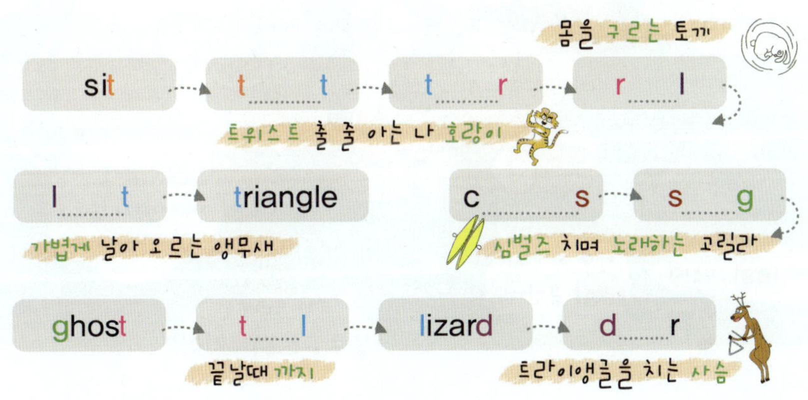

DAY 17

잠자는 사자 코털 건드리기!

그림을 보면서 이야기해 봐!

밀림의 왕 사자가 낮잠에 빠져 있는데요. 생쥐들이 장난기가 발동하여 사자의 코털을 건드려 보기로 했어요. 아마 생쥐들은 깊은 잠이 든 사자의 코털을 건드리면 어떠한 일이 벌어질지 상상이 되지 않나 봐요. 그런데 정말로 사자가 잠에서 깨어나면 어떡하죠?

단 어	알고 있어요	이제 알아요
lion	✓	✓
nap		
pull		
last		
tickle		
error		
wish		
hair		
real		
lip		
puzzle		
enemy		
점 수	/12	/12

점수	0~3개	4~7개	8~10개	11~12개
알고 있어요	괜찮아요	많이 알고 있군요	공부 열심히 했군요	굉장한 실력이예요
이제 알아요	힘내서 다시 해봐요	조금 더 집중해요	한번 더 들어봐요	다음으로 넘어가요

단어를 문장으로 익혀봐.

단어를 문장으로 기억하세요.

lion [láiən]	사자	The **lion** is sleeping. 사자가 자고 있다.
nap [næp]	낮잠	He is taking a **nap**. 그가 낮잠을 자고 있다. 숙어 take a nap 낮잠 자다
pull [pul]	당기다	Don't **pull** his hair. 그의 머리카락을 당기지 마라. 명 hair 머리카락, 털
last [lɑst]	마지막의	This is the **last** chance. 이것이 마지막 기회야. 명 chance 기회
tickle [tíkl]	간지럽다	My nose **tickles** me. 코가 간지러워. 명 nose 코
error [érər]	실수	I made an **error**. 나는 실수를 했다. 보충 made는 make의 과거에요.

wish [wiʃ]	희망, 소원	What's your **wish**? 너의 소원은 무엇이니?
hair [hɛər]	털, 머리카락	He has no **hair**. 그는 털이 없다.
real [ríːəl]	진짜의	This is a **real** gold. 이것은 진짜 금이야. 명 gold 금
lip [lip]	입술	Don't bite your **lip**. 입술을 깨물지 마라. 동 bite 물다, 물어뜯다
puzzle [pʌ́zl]	퍼즐	This **puzzle** is easy. 이 퍼즐은 쉬워. 형 easy 쉬운
enemy [énəmi]	적	He's our **enemy**. 그는 우리의 적이야.

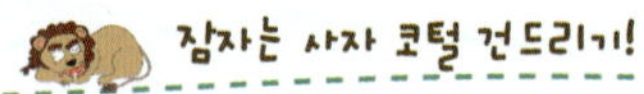

A 그림에 맞는 영어 단어를 고르세요.

1 

ⓐ tiger
ⓑ lion

2 

ⓐ lip
ⓑ puzzle

3 

ⓐ real
ⓑ nap

B 영어 단어에 해당하는 우리말 뜻을 찾아 줄을 그으세요.

1. pull ·	· ⓐ 실수
2. last ·	· ⓑ 마지막의
3. tickle ·	· ⓒ 당기다
4. error ·	· ⓓ 간지럽다
5. wish ·	· ⓔ 희망, 소원

C 다음 단어에 맞는 뜻을 고르세요.

1. real	진짜의	적	머리카락
2. enemy	적	입술	낮잠
3. hair	입술	머리카락	실수

정답 A－1. b 2. a 3. b B－1. c 2. b 3. d 4. a 5. e C－1. 진짜의 2. 적 3. 머리카락

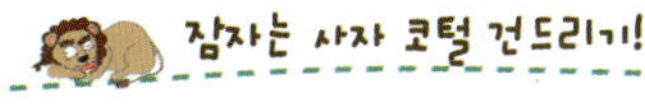

A 빈 칸에 맞는 철자를 넣어 비밀의 단어를 찾아 써 보세요.

B 이야기가 있는 그림을 연상하면서 단어의 끝말을 이어보세요.

DAY 18

코끼리 발에 가시가 들어갔대!

그림을 보면서 이야기해 봐!

아기 코끼리가 주저앉아 엉엉 울고 있어요. 여기 저기 뛰놀다 그만 발에 가시가 들어갔지 뭐예요. 엄마 코끼리가 발을 동동 구르고 있는데 그 때 마침 지나가던 여우가 이를 보았죠. 어쩌면 꾀 많은 여우가 아기 코끼리 가시를 빼 줄지도 모르겠네요.

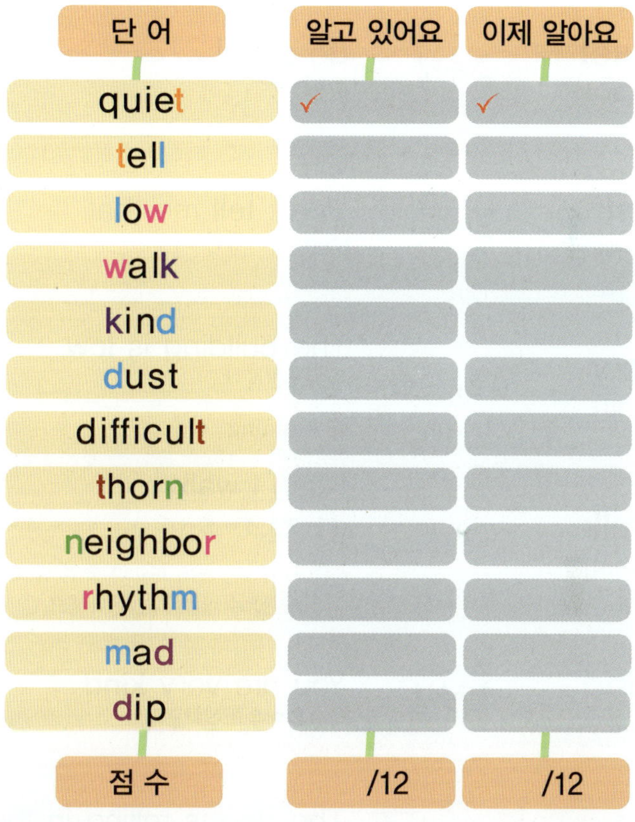

단 어	알고 있어요	이제 알아요
quiet	✓	✓
tell		
low		
walk		
kind		
dust		
difficult		
thorn		
neighbor		
rhythm		
mad		
dip		
점 수	/12	/12

점수	0~3개	4~7개	8~10개	11~12개
알고 있어요	괜찮아요	많이 알고 있군요	공부 열심히 했군요	굉장한 실력이예요
이제 알아요	힘내서 다시 해봐요	조금 더 집중해요	한번 더 들어봐요	다음으로 넘어가요

단어를 문장으로 익혀봐.

단어를 문장으로 기억하세요.

quiet [kwáiət]	조용한	Be **quiet**! 조용히 해라.
tell [tel]	말하다	Don't **tell** me that. 나에게 그거 말하지 마.
low [lou]	낮은, 적은	The building is **low**. 그 건물은 낮다. 명 building 건물
walk [wɔːk]	걷다	I can't **walk**. 나는 걸을 수가 없어요. 보충 can't는 can not의 줄임 말로 〈~할 수 없다〉의 뜻이에요.
kind [kaind]	친절한	You are very **kind**. 당신은 매우 친절하군요.
dust [dʌst]	먼지	The dog is rolling in the **dust**. 개가 먼지 속에서 뒹굴고 있다. 동 roll 구르다

difficult [dífikʌ̀lt]	어려운	It's not **difficult**. 그건 어렵지 않아.
thorn [θɔːrn]	가시	This **thorn** hurts my foot. 이 가시 때문에 발이 아파요. 동 hurt 아프다
neighbor [néibər]	이웃	He is my **neighbor**. 그는 나의 이웃이야.
rhythm [ríðm]	리듬	I like the **rhythm**. 나는 그 리듬이 좋아.
mad [mæd]	화난, 미친	She is **mad** at me. 그녀가 나에게 화 내고 있다.
dip [dip]	담그다	**Dip** your foot in the water. 발을 물 속에 담가라.

A 그림에 맞는 영어 단어를 고르세요.

1

ⓐ dust
ⓑ thorn

2

ⓐ dip
ⓑ dust

3

ⓐ dust
ⓑ kind

B 영어 단어에 해당하는 우리말 뜻을 찾아 줄을 그으세요.

1. quiet	ⓐ 말하다
2. tell	ⓑ 조용한
3. walk	ⓒ 화난, 미친
4. mad	ⓓ 걷다
5. neighbor	ⓔ 이웃

C 다음 단어에 맞는 뜻을 고르세요.

1. difficult	조용한	화난	어려운
2. low	낮은	어려운	친절한
3. kind	친절한	걷다	말하다

정답 A-1. b 2. a 3. a B-1. b 2. a 3. d 4. c 5. e C-1. 어려운 2. 낮은 3. 친절한

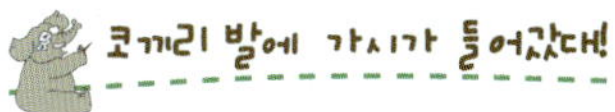

A 빈 칸에 맞는 철자를 넣어 비밀의 단어를 찾아 써 보세요.

B 이야기가 있는 그림을 연상하면서 단어의 끝말을 이어보세요.

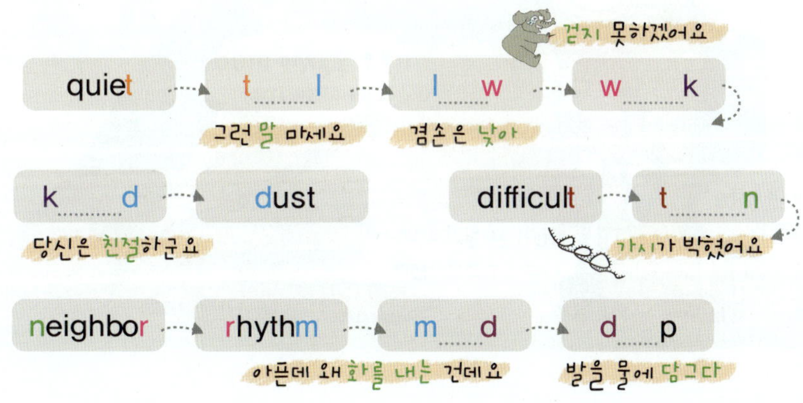

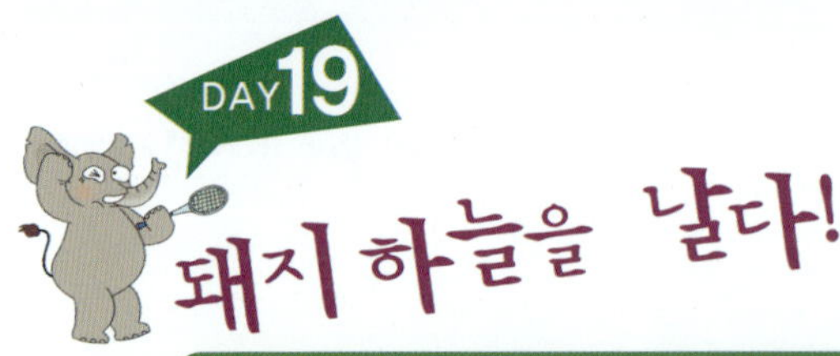

DAY 19 돼지 하늘을 날다!

그림을 보면서 이야기해 봐!

목장에서 놀고 있던 돼지가 하늘로 날아가 버린 사건이 터졌지 뭐예요. 목장을 새로 짓던 주인이 마당에 널빤지를 쌓아 놓은 것이 화근이었어요. 돼지가 놀고 있던 널빤지 위로 집채만한 통나무가 굴러 떨어지고 말았던 거죠. 하늘로 날아간 돼지는 어떻게 되었을지 정말 궁금하네요.

우후! 세상 trip하고 올게.

흥! 나에게 talk하지 마.

부럽다. log가 또 떨어질까? 하늘을 나는 게 내 dream인데….

저 뚱뚱한 몸이 balloon처럼 날아가다니…. 아! 나도 날기를 want했는데….

pig가 날아간다, pig 날아가.

기분도 꿀꿀한데 mud 목욕이나 해야겠다.

올라간 김에 내 kite 좀 get해 줘.

doll 사 달라고 하니까 아빠가 nod하셨다~

단 어	알고 있어요	이제 알아요
want	✓	✓
trip		
pig		
get		
talk		
kite		
balloon		
nod		
dream		
mud		
doll		
log		
점 수	/12	/12

점수	0~3개	4~7개	8~10개	11~12개
알고 있어요	괜찮아요	많이 알고 있군요	공부 열심히 했군요	굉장한 실력이예요
이제 알아요	힘내서 다시 해봐요	조금 더 집중해요	한번 더 들어봐요	다음으로 넘어가요

단어를 문장으로 익혀봐.

단어를 문장으로 기억하세요.

want [wɔːnt]	원하다	I **want** to fly. 날고 싶어. 동 fly 날다
trip [trip]	여행	Have a good **trip**! 여행 잘 갔다 와.
pig [pig]	돼지	The **pig** is flying. 돼지가 날고 있다.
get [get]	가져다 주다	**Get** me the kite. 나에게 연 좀 갖다 줘.
talk [tɔːk]	말하다	Don't **talk** to me. 나에게 말 하지마.
kite [kait]	연	He is flying a **kite**. 그는 연 날리기를 하고 있다.

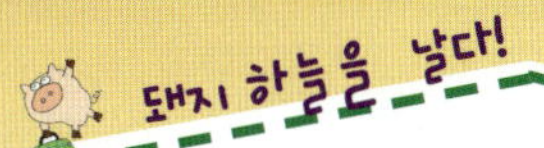

balloon [bəlúːn]	풍선	The girl wants a **balloon**. 그 소녀는 풍선을 원한다.
nod [nɔd]	고개를 끄덕이다	He **nod**ded to me. 그는 나에게 고개를 끄덕였어. 보충 nodded는 nod의 과거예요.
dream [driːm]	꿈	That's my **dream**. 그것은 나의 꿈이야.
mud [mʌd]	진흙	The pig is in the **mud**. 돼지가 진흙 속에 있다. 전 in ~안에
doll [dɔːl]	인형	Is this your **doll**? 이게 네 인형이니?
log [lɔːg]	통나무	The **log** fell to the ground. 통나무가 땅에 떨어졌다. 보충 fell은 fall〈떨어지다〉의 과거예요. 명 ground 땅

A 그림에 맞는 영어 단어를 고르세요.

1 

ⓐ kite
ⓑ talk

2 

ⓐ balloon
ⓑ nod

3 

ⓐ log
ⓑ doll

B 영어 단어에 해당하는 우리말 뜻을 찾아 줄을 그으세요.

1. mud •	• ⓐ 고개를 끄덕이다
2. log •	• ⓑ 여행
3. want •	• ⓒ 진흙
4. nod •	• ⓓ 통나무
5. trip •	• ⓔ 원하다

C 다음 단어에 맞는 뜻을 고르세요.

1. talk	원하다	고개를 끄덕이다	말하다
2. get	가져다 주다	꿈	원하다
3. dream	말하다	원하다	꿈

정답 A – 1. a 2. a 3. b B – 1. c 2. d 3. e 4. a 5. b C – 1. 말하다 2. 가져다 주다 3. 꿈

A 빈 칸에 맞는 철자를 넣어 비밀의 단어를 찾아 써 보세요.

B 이야기가 있는 그림을 연상하면서 단어의 끝말을 이어보세요.

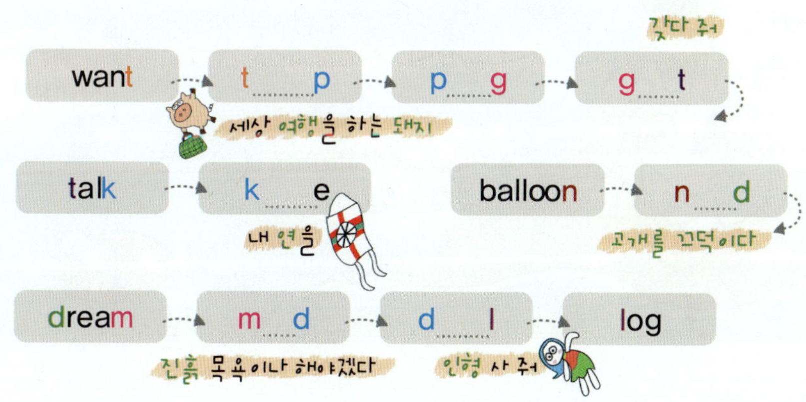

DAY 20

바다의 풍랑에서 살아남기!

그림을 보면서 이야기해 봐!

태어나서 처음 비행을 나선 아기 오리가 날다 지쳐서 바위 위에서 쉬고 있었는데요. 그런데 그 바위가 움직이지 뭐에요. 사실 그건 바위가 아니라 돌고래의 등이었어요. 그때 갑자기 파도가 몰아치기 시작해서 돌고래와 아기 오리는 그만 바다의 풍랑에 휘말리고 말았어요.

단 어	알고 있어요	이제 알아요
land	✓	✓
dolphin		
north		
hang		
grow		
wind		
storm		
moving		
golf		
flight		
tired		
dive		
점 수	/12	/12

점수	0~3개	4~7개	8~10개	11~12개
알고 있어요	괜찮아요	많이 알고 있군요	공부 열심히 했군요	굉장한 실력이예요
이제 알아요	힘내서 다시 해봐요	조금 더 집중해요	한번 더 들어봐요	다음으로 넘어가요

단어를 문장으로 익혀봐.

단어를 문장으로 기억하세요.

land [lænd]	육지, 땅	We live on **land**. 우리는 육지에 산다.
dolphin [dálfin]	돌고래	I like **dolphins**. 나는 돌고래를 좋아해.
north [nɔːrθ]	북쪽	The wind comes from the **north**. 바람이 북쪽에서 불어온다.
hang [hæŋ]	매달리다	**Hang** on! 꼭 잡아라.
grow [grou]	자라다	You're **grow**ing up fast. 너 빨리 자라는구나. 숙어 grow up 자라다, 성장하다
wind [wind]	바람	The **wind** is very cold. 바람이 매우 차다.

storm [stɔːrm]	폭풍우	It's a big **storm**. 굉장한 폭풍우다.
moving [múːviŋ]	움직이는	The birds are **moving**. 새들이 이동하고 있다.
golf [gɔːlf]	골프	He is playing **golf**. 그는 골프를 치고 있다.
flight [flait]	비행	This is my first **flight**. 이것은 나의 첫 비행이야. 형 first 처음의
tired [taiərd]	지친, 피곤한	I'm so **tired**. 나는 매우 지쳤어. 부 so 매우, 아주
dive [daiv]	잠수하다	He's **diving** into the water. 그가 물 속으로 잠수하고 있다. 부 into ~속으로

A 그림에 맞는 영어 단어를 고르세요.

1
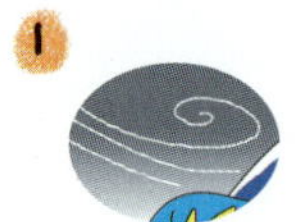

ⓐ dive
ⓑ wind

2

ⓐ flight
ⓑ dolphin

3

ⓐ golf
ⓑ wind

B 영어 단어에 해당하는 우리말 뜻을 찾아 줄을 그으세요.

1. moving ·	· ⓐ 비행
2. flight ·	· ⓑ 북쪽
3. tired ·	· ⓒ 움직이는
4. north ·	· ⓓ 육지, 땅
5. land ·	· ⓔ 피곤한, 지친

C 다음 단어에 맞는 뜻을 고르세요.

1. storm	바람	폭풍우	비행
2. hang	매달리다	잠수하다	육지
3. grow	움직이는	자라다	잠수하다

정답 A－1. b 2. b 3. a B－1. c 2. a 3. e 4. b 5. d C－1. 폭풍우 2. 매달리다 3. 자라다

A 빈 칸에 맞는 철자를 넣어 비밀의 단어를 찾아 써 보세요.

B 이야기가 있는 그림을 연상하면서 단어의 끝말을 이어보세요.

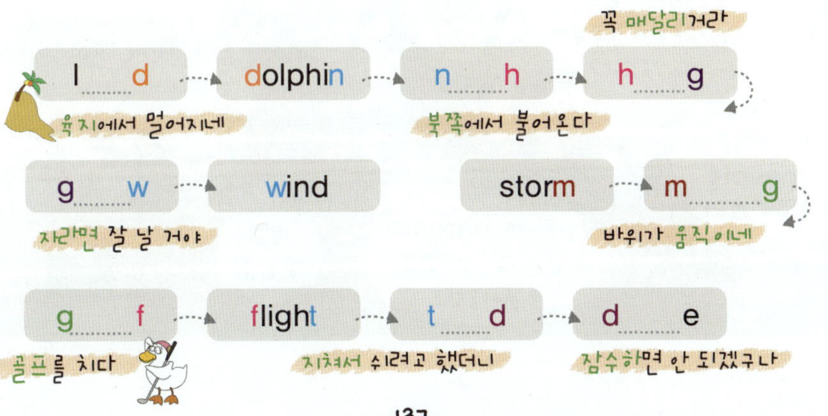

DAY 21

원숭이 나라의 한가로운 오후!

그림을 보면서 이야기해 봐!

원숭이 나라의 한가로운 오후 시간을 살펴 볼까요? 원숭이들이 각각 서로의 털을 고르거나 등을 긁어 주는 등 자유로운 시간을 보내고 있군요. 대장 원숭이는 가장 높은 곳에 앉아서 이 무리들을 지켜보고 있고요.

단 어	알고 있어요	이제 알아요
call	✓	✓
long		
group		
parent		
twin		
naughty		
taxi		
insect		
throw		
warm		
monkey		
yesterday		
점 수	/12	/12

점수	0~3개	4~7개	8~10개	11~12개
알고 있어요	괜찮아요	많이 알고 있군요	공부 열심히 했군요	굉장한 실력이예요
이제 알아요	힘내서 다시 해봐요	조금 더 집중해요	한번 더 들어봐요	다음으로 넘어가요

단어를 문장으로 익혀봐.

단어를 문장으로 기억하세요.

call [kɔːl]	부르다, 전화하다	**Call** the police. 경찰을 불러라. 명 police 경찰
long [lɔːŋ]	긴	The tail is very **long**. 꼬리가 아주 길다. 명 tail 꼬리
group [gruːp]	무리	Monkeys live in **group**s. 원숭이는 무리 지어 산다. 숙어 in groups 무리를 이루어
parent [pέərənt]	부(모)	They are my **parent**s. 그들이 나의 부모이다. 명 parents 부모
twin [twin]	쌍둥이	We are **twin** brothers. 우리는 쌍둥이 형제야. 명 brother 남자 형제
naughty [nɔ́ːti]	장난꾸러기인	He is very **naughty**. 그는 매우 장난꾸러기이다.

taxi [tǽksi]	택시	It's a **taxi**. 그건 택시야.
insect [ínsekt]	곤충	They eat **insects**. 그들은 곤충을 먹어.
throw [θrou]	던지다	Don't **throw** it to me. 나에게 그걸 던지지 마.
warm [wɔːrm]	따뜻한	It's **warm** today. 오늘은 날씨가 따뜻하다. 보충 It은 날씨를 뜻해요
monkey [mʌ́ŋki]	원숭이	There is a **monkey** in the tree. 저기 나무에 원숭이가 있다. 보충 There is~ ~이 있다
yesterday [jéstərdèi]	어제	It was **yesterday**. 그건 어제였어. 보충 yesterday는 과거를 나타내므로 was를 써야 해요.

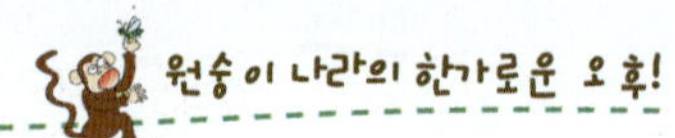

A 그림에 맞는 영어 단어를 고르세요.

1

ⓐ taxi
ⓑ call

2

ⓐ twin
ⓑ insect

3

ⓐ monkey
ⓑ long

B 영어 단어에 해당하는 우리말 뜻을 찾아 줄을 그으세요.

1. naughty •	• ⓐ 무리
2. throw •	• ⓑ 장난꾸러기인
3. group •	• ⓒ 던지다
4. parent •	• ⓓ 어제
5. yesterday •	• ⓔ 부(모)

C 다음 단어에 맞는 뜻을 고르세요.

1. call	던지다	부르다	무리
2. twin	무리	쌍둥이	긴
3. warm	따뜻한	던지다	어제

정답 A - 1. a 2. b 3. a B - 1. b 2. c 3. a 4. e 5. d C - 1. 부르다 2. 쌍둥이 3. 따뜻한

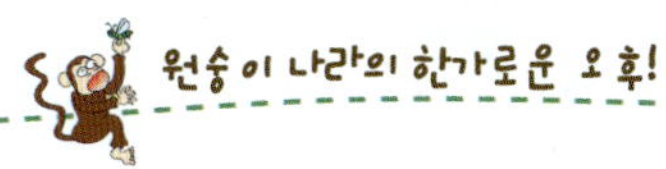

A 빈 칸에 맞는 철자를 넣어 비밀의 단어를 찾아 써 보세요.

B 이야기가 있는 그림을 연상하면서 단어의 끝말을 이어보세요.

DAY 22

야생의 달리기 전사 얼룩말!

그림을 보면서 이야기해 봐!

아프리카에 사는 얼룩말은 보기만 해도 멋지고 아름답죠? 이렇게 힘차게 질주하는 얼룩말을 보면 우리도 정말 힘이 솟는 것 같아요. 하지만 얼룩말은 늘 사자를 조심해야 해요. 사자는 얼룩말을 보기만 하면 이크! 정말 무섭게 덤벼드니까요.

단 어	알고 있어요	이제 알아요
zebra	✓	✓
afraid		
dark		
kill		
leader		
race		
friendly		
yours		
step		
picnic		
cross		
stripe		
점 수	/12	/12

점수	0~3개	4~7개	8~10개	11~12개
알고 있어요	괜찮아요	많이 알고 있군요	공부 열심히 했군요	굉장한 실력이예요
이제 알아요	힘내서 다시 해봐요	조금 더 집중해요	한번 더 들어봐요	다음으로 넘어가요

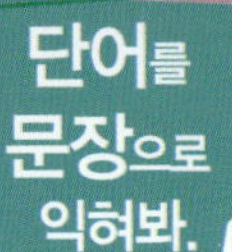

단어를 문장으로 기억하세요.

zebra [zíːbrə]	얼룩말	The **zebra** has stripes. 얼룩말은 줄무늬가 있다.
afraid [əfréid]	무서워하는	I'm **afraid** of lions. 나는 사자가 무서워.
dark [dɑːrk]	어두운	It is **dark**. 어둡다. 보충 It은 해석하지 않아요.
kill [kil]	죽이다	Don't **kill** them. 그들을 죽이지 마라.
leader [líːdər]	리더, 지도자	She is our **leader**. 그녀가 우리의 리더야. 대 our 우리의
race [reis]	경주	Let's start the **race**. 경주를 시작하자. 동 start 시작하다

friendly [fréndli]	다정한	He's very **friendly**. 그는 아주 다정해.
yours [juərz]	너의 것	This is **yours**. 이것은 네 꺼야.
step [step]	걸음	Watch your **step**! 발 밑을 조심해.
picnic [píknik]	소풍	What about a **picnic**? 소풍은 어떻게 해요? 숙어 What about~ ~은 어떻게 하지?
cross [krɔːs]	가로지르다	They are **cross**ing the road. 그들이 길을 가로지르고 있다. 명 road 길
stripe [straip]	줄무늬	I like **stripe**s. 나는 줄무늬를 좋아해.

A 그림에 맞는 영어 단어를 고르세요.

1

ⓐ afraid
ⓑ stripe

2

ⓐ step
ⓑ picnic

3

ⓐ zebra
ⓑ cross

B 영어 단어에 해당하는 우리말 뜻을 찾아 줄을 그으세요.

1. afraid •	• ⓐ 무서워하는
2. race •	• ⓑ 걸음
3. step •	• ⓒ 경주
4. yours •	• ⓓ 너의 것
5. kill •	• ⓔ 죽이다

C 다음 단어에 맞는 뜻을 고르세요.

1. friendly	다정한	가로지르다	리더
2. cross	가로지르다	죽이다	걸음
3. leader	줄무늬	리더	경주

정답 A – 1. b 2. b 3. a B – 1. a 2. c 3. b 4. d 5. e C – 1. 다정한 2. 가로지르다 3. 리더

A 빈 칸에 맞는 철자를 넣어 비밀의 단어를 찾아 써 보세요.

B 이야기가 있는 그림을 연상하면서 단어의 끝말을 이어보세요.

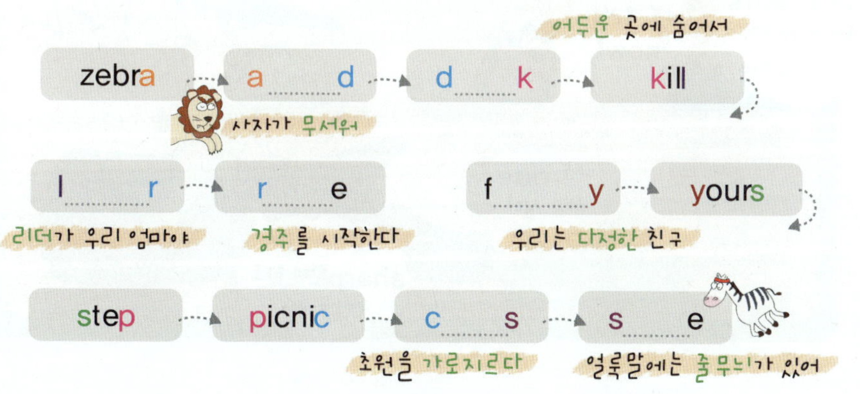

DAY 23 악어 등에 올라 탄 개구리!

그림을 보면서 이야기해 봐!

멀리 다른 세상으로 모험을 떠나고 싶어하는 개구리가 악어의 등에 살짝 올라탔는데요. 마음씨 착한 악어는 개구리가 여행을 하면서 만나는 동물들을 모두 태워도 된다고 허락했죠. 자, 그럼 개구리가 어떠한 동물들과 같이 모험을 하게 될지 알아 볼까요?

단 어	알고 있어요	이제 알아요
touch	✓	✓
head		
down		
nervous		
sharp		
push		
tears		
skin		
now		
wave		
eraser		
ride		
점 수	/12	/12

점수	0~3개	4~7개	8~10개	11~12개
알고 있어요	괜찮아요	많이 알고 있군요	공부 열심히 했군요	굉장한 실력이예요
이제 알아요	힘내서 다시 해봐요	조금 더 집중해요	한번 더 들어봐요	다음으로 넘어가요

단어를 문장으로 익혀봐.

단어를 문장으로 기억하세요.

touch [tʌtʃ]	건드리다	Don't **touch** me. 나 건드리지 마.
head [hed]	머리	His **head** is big. 그의 머리가 크다.
down [daun]	아래로	Don't go **down**. 아래로 내려 가지마. 동 go 가다
nervous [nə́ːrvəs]	긴장한	He's very **nervous**. 그는 매우 긴장했어.
sharp [ʃaːrp]	날카로운	A crocodile has **sharp** tooth. 악어의 이는 날카로워. 명 crocodile 악어 보충 tooth는 teeth(이)의 복수에요.
push [puʃ]	밀다	Will you **push** me? 나 좀 밀어 주겠니? 보충 Will you ~? ~하겠니? ~할 거니?

tears [tiərz]	눈물	He shed crocodile **tears**. 그는 거짓 눈물을 흘렸다. 동 shed 눈물을 흘리다. 보충 crocodile tears 거짓 눈물, 우는 흉내
skin [skin]	피부	His **skin** is very hard. 그의 피부는 아주 딱딱해. 형 hard 딱딱한, 단단한
now [nau]	지금	Ride on me **now**. 이제 나에게 올라 타렴.
wave [weiv]	흔들다	He's **waving** to us. 그가 우리에게 손을 흔들고 있어.
eraser [iréizər]	지우개	I need an **eraser**. 나는 지우개가 필요해. 동 need ~이 필요하다
ride [raid]	타다	I will **ride** the bus. 나는 저 버스를 탈 거야. 조 will ~할 것이다

A 그림에 맞는 영어 단어를 고르세요.

ⓐ tears
ⓑ touch

2

ⓐ eraser
ⓑ nervous

3

ⓐ push
ⓑ wave

B 영어 단어에 해당하는 우리말 뜻을 찾아 줄을 그으세요.

1. touch •	• ⓐ 타다
2. ride •	• ⓑ 아래로
3. down •	• ⓒ 긴장한
4. nervous •	• ⓓ 건드리다
5. sharp •	• ⓔ 날카로운

C 다음 단어에 맞는 뜻을 고르세요.

1. head	피부	눈물	머리
2. push	밀다	흔들다	건드리다
3. skin	지우개	피부	눈물

정답 A－1. a 2. a 3. b B－1. d 2. a 3. b 4. c 5. e C－1. 머리 2. 밀다 3. 피부

A 빈 칸에 맞는 철자를 넣어 비밀의 단어를 찾아 써 보세요.

B 이야기가 있는 그림을 연상하면서 단어의 끝말을 이어보세요.

DAY 24

바쁘다 바빠 미스터 비버!

그림을 보면서 이야기해 봐!

비버는 댐을 만드는 부지런한 동물로 유명하지요? 쉬지 않고 집 짓기 하는 아빠 비버! 아기를 밴 엄마 비버도 쉬는 법이 없죠. 이들이 집을 짓는 솜씨를 보면 세계적인 건축가라 해도 손색이 없다는 군요. 그래서 저기 숲 속 동물들도 모두 나서서 구경을 하고 있나 봐요.

단 어	알고 있어요	이제 알아요
wolf	✓	✓
famous		
stream		
middle		
exit		
tie		
fast		
trap		
pile		
echo		
owl		
learn		
점 수	/12	/12

점수	0~3개	4~7개	8~10개	11~12개
알고 있어요	괜찮아요	많이 알고 있군요	공부 열심히 했군요	굉장한 실력이예요
이제 알아요	힘내서 다시 해봐요	조금 더 집중해요	한번 더 들어봐요	다음으로 넘어가요

단어를 문장으로 익혀봐.

단어를 문장으로 기억하세요.

wolf [wulf]	늑대	The **wolf** is running. 늑대가 달리고 있다. 동 run 달리다
famous [féiməs]	유명한	He is a **famous** singer. 그는 유명한 가수야. 명 singer 가수
stream [striːm]	냇가	She is crossing the **stream**. 그녀가 냇가를 건너고 있다. 동 cross 가로지르다
middle [mídl]	한가운데	There is a beaver in the **middle** of the stream. 냇가 한가운데에 비버가 있다.
exit [éksit]	출구	There is no **exit**. 출구가 없어.
tie [tai]	묶다	He **tie**d it in the rope. 그가 그것을 로프로 묶었다. 명 rope 밧줄, 로프 보충 tied는 tie의 과거에요.

fast [fǽst]	빨리	He runs very **fast**. 그는 매우 빨리 달린다.
trap [træp]	덫, 함정	It's a **trap**. 그건 덫이야.
pile [pail]	쌓다	They **pile** the stones. 그들은 돌을 쌓는다. 명 stone 돌
echo [ékou]	메아리	Do you hear the **echo**? 저 메아리 들리니? 동 hear 들리다
owl [aul]	부엉이	An **owl** can see in the dark. 부엉이는 어둠 속에서도 볼 수 있다. 명 dark 어둠
learn [ləːrn]	배우다	I will **learn** English. 나는 영어를 배울 거야.

A 그림에 맞는 영어 단어를 고르세요.

1 

ⓐ owl
ⓑ echo

2 

ⓐ trap
ⓑ pile

3 

ⓐ exit
ⓑ wolf

B 영어 단어에 해당하는 우리말 뜻을 찾아 줄을 그으세요.

1. famous	ⓐ 묶다
2. learn	ⓑ 한가운데
3. middle	ⓒ 유명한
4. tie	ⓓ 빨리
5. fast	ⓔ 배우다

C 다음 단어에 맞는 뜻을 고르세요.

1. stream	냇가	빨리	유명한
2. exit	메아리	덫	출구
3. echo	냇가	한가운데	메아리

정답 A－1. a 2. a 3. b B－1. c 2. e 3. b 4. a 5. d C－1. 냇가 2. 출구 3. 메아리

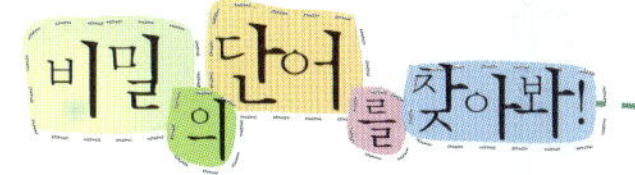

A 빈 칸에 맞는 철자를 넣어 비밀의 단어를 찾아 써 보세요.

B 이야기가 있는 그림을 연상하면서 단어의 끝말을 이어보세요.

DAY 25

물에 빠진 돼지 구출 작전!

그림을 보면서 이야기해 봐!

진흙 목욕을 즐기던 돼지가 그만 미끄러져 물에 빠지고 말았는데요. 살려 달라고 외치는 가여운 돼지를 동물 친구들이 가만 둘리는 없겠죠. 하지만 모두 힘을 합쳐 돼지를 끌어내려고 하는데 그게 또 어디 쉬운 일이겠어요? 정말 저러다 돼지 큰 일 나겠는데요.

단 어	알고 있어요	이제 알아요
finish	✓	✓
help		
poor		
remember		
raise		
edge		
idea		
action		
night		
tank		
kilogram		
make		
점 수	/12	/12

점수	0~3개	4~7개	8~10개	11~12개
알고 있어요	괜찮아요	많이 알고 있군요	공부 열심히 했군요	굉장한 실력이예요
이제 알아요	힘내서 다시 해봐요	조금 더 집중해요	한번 더 들어봐요	다음으로 넘어가요

단어를 문장으로 익혀봐.

단어를 문장으로 기억하세요.

finish [fíniʃ]	끝내다	Finish this **first**. 먼저 이것을 끝내라. 부 first 우선, 먼저
help [help]	돕다	Please **help** me. 나 좀 살려(도와) 줘
poor [puər]	불쌍한	The **poor** pig is crying. 저 불쌍한 돼지가 울고 있다. 동 cry 울다
remember [rimémbər]	기억하다	Now I **remember**. 이제 생각났어.
raise [reiz]	들어 올리다	**Raise** your hand. 손을 들어 올려라. 명 hand 손
edge [edʒ]	가장자리	It has a sharp **edge**. 가장자리가 날카롭다. 형 sharp 날카로운

idea [aidíːə]	생각, 묘안	I have a good **idea**. 나에게 좋은 생각이 있어.
action [ǽkʃən]	행동	Let's take **action** now. 이제 행동을 취하자.
night [nait]	밤	Have a good **night**. 잘 자라.
tank [tæŋk]	저수지	It's the water **tank**. 그것은 물 탱크야.
kilogram [kíləgræ̀m]	킬로그램	It's 100 **kilograms**. 그건 100 킬로그램이야.
make [meik]	만들다	Let's **make** a cake. 케이크를 만들자.

A 그림에 맞는 영어 단어를 고르세요.

1 

ⓐ edge
ⓑ make

2 

ⓐ poor
ⓑ tank

3 

ⓐ idea
ⓑ help

B 영어 단어에 해당하는 우리말 뜻을 찾아 줄을 그으세요.

1. make •	• ⓐ 만들다
2. kilogram •	• ⓑ 밤
3. edge •	• ⓒ 킬로그램
4. night •	• ⓓ 가장자리
5. action •	• ⓔ 행동

C 다음 단어에 맞는 뜻을 고르세요.

1. poor	불쌍한	밤	생각
2. raise	만들다	끝내다	들어올리다
3. remember	돕다	기억하다	만들다

정답 A-1. a 2. b 3. b B-1. a 2. c 3. d 4. b 5. e C-1. 불쌍한 2. 들어올리다 3. 기억하다

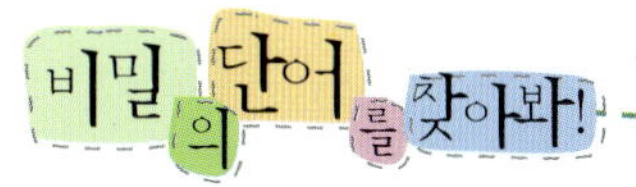

A 빈 칸에 맞는 철자를 넣어 비밀의 단어를 찾아 써 보세요.

B 이야기가 있는 그림을 연상하면서 단어의 끝말을 이어보세요.

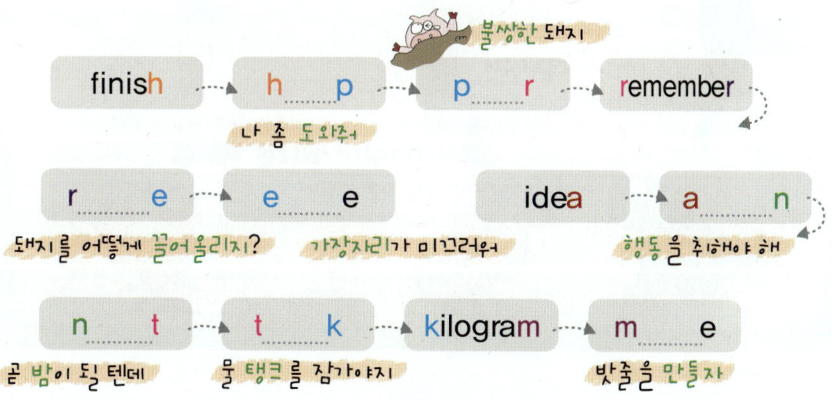

DAY 26

모래 사막에 갇힌 낙타!

그림을 보면서 이야기해 봐!

사막의 낙타는 몇 일씩 먹지 않아도 살아 남을 수 있다고 하죠? 그런 낙타가 짐을 잔뜩 실은 채 사막에서 며칠 째 헤매고 있군요. 물도 마시지 못한 듯 심하게 지쳐 보이는 이 낙타가 주인을 찾아 무사히 집으로 돌아갈 수 있을까요? 과연 사막의 동물들이 낙타를 도와 줄까요?

단 어	알고 있어요	이제 알아요
thief	✓	✓
fight		
terrific		
camel		
lost		
thirsty		
load		
desert		
tight		
toss		
strong		
guide		
점 수	/12	/12

점수	0~3개	4~7개	8~10개	11~12개
알고 있어요	괜찮아요	많이 알고 있군요	공부 열심히 했군요	굉장한 실력이예요
이제 알아요	힘내서 다시 해봐요	조금 더 집중해요	한번 더 들어봐요	다음으로 넘어가요

단어를 문장으로 익혀봐.

단어를 문장으로 기억하세요.

thief [θiːf]	도둑	The **thief** is running away. 도둑이 멀리 도망가고 있다. 부 away 멀리
fight [fait]	싸우다	Stop **fighting**. 그만 싸우거라.
terrific [tərífik]	아주 좋은	He is a **terrific** boy. 그 아이는 아주 훌륭한 소년이야.
camel [kǽməl]	낙타	The **camel** is strong. 낙타는 힘이 세다.
lost [lɔːst]	길을 잃은	The camel is **lost**. 낙타가 길을 잃었어.
thirsty [θə́ːrsti]	목마른	He is very **thirsty**. 그는 아주 목마르다.

load [loud]	짐	The camel carries a heavy **load** on his back. 그는 등에 무거운 짐을 실어 나른다. 동 carry 나르다, 운반하다 형 heavy 무거운
desert [dezə:rt]	사막	It lives in the **desert**. 그것은 사막에 살아.
tight [tait]	단단히	Hold **tight**. 꽉 잡아라. 동 hold 잡다
toss [tos]	내던지다	**Toss** it away. 그것을 내던져라.
strong [strɔ:ŋ]	강한	The wind is **strong**. 바람이 강하다.
guide [gaid]	안내하다, 안내자	Will you be my **guide**? 제 안내인이 돼 주시겠어요?

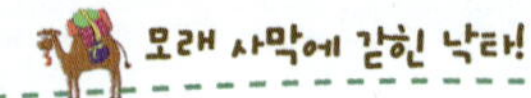

A 그림에 맞는 영어 단어를 고르세요.

1 

ⓐ camel
ⓑ lost

2 

ⓐ tight
ⓑ load

3 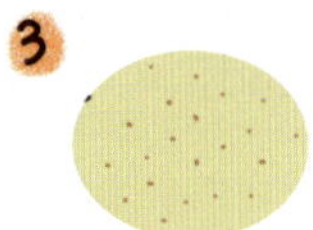

ⓐ guide
ⓑ desert

B 영어 단어에 해당하는 우리말 뜻을 찾아 줄을 그으세요.

1. fight ·	· ⓐ 도둑
2. strong ·	· ⓑ 목마른
3. thirsty ·	· ⓒ 아주 좋은
4. thief ·	· ⓓ 싸우다
5. terrific ·	· ⓔ 강한

C 다음 단어에 맞는 뜻을 고르세요.

1. lost	아주 좋은	길 잃은	단단히
2. tight	단단히	싸우다	안내하다
3. toss	목마른	내던지다	싸우다

정답 A－1. a 2. b 3. b B－1. d 2. e 3. b 4. a 5. c C－1. 길 잃은 2. 단단히 3. 내던지다

A 빈 칸에 맞는 철자를 넣어 비밀의 단어를 찾아 써 보세요.

B 이야기가 있는 그림을 연상하면서 단어의 끝말을 이어보세요.

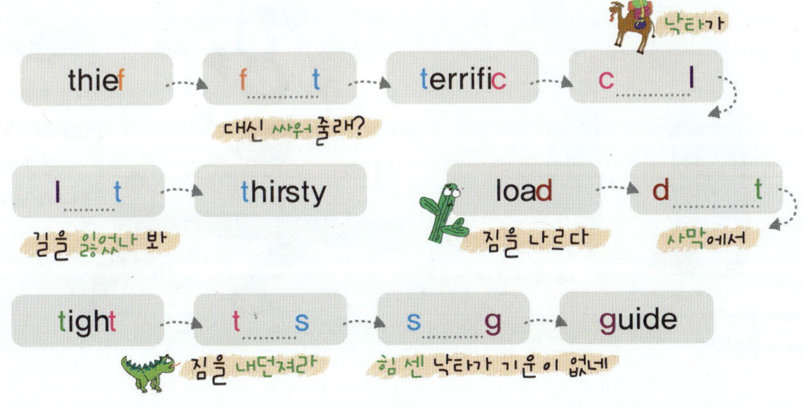

DAY 27

향수병에 걸린 팬더 곰!

그림을 보면서 이야기해 봐!

동물원에 사는 이 팬더들의 고향은 중국이래요. 작고 귀여워서 사람들의 사랑을 독차지하는 팬더는 사실 성질이 좀 까다롭다는 군요. 게다가 고향이 그리워서인지 밥도 잘 먹지 않고 힘이 없어 보이는데요. 팬더의 향수병을 치료하는 방법은 이들을 고향에 데려다 주는 길이겠죠?

단 어	알고 있어요	이제 알아요
panda	✓	✓
angry		
yard		
diligent		
take		
eagle		
bamboo		
often		
normal		
look		
know		
weak		
점 수	/12	/12

점수	0~3개	4~7개	8~10개	11~12개
알고 있어요	괜찮아요	많이 알고 있군요	공부 열심히 했군요	굉장한 실력이예요
이제 알아요	힘내서 다시 해봐요	조금 더 집중해요	한번 더 들어봐요	다음으로 넘어가요

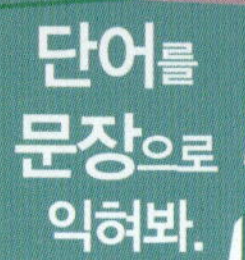

단어를 문장으로 기억하세요.

panda [pǽndə]	팬더	**Panda**s are cute. 팬더 곰은 귀여워. 형 cute 귀여운
angry [ǽŋgri]	화난	Are you **angry**? 너 화났니?
yard [jaːrd]	마당	Look at the panda in the **yard**. 마당에 있는 팬더를 봐.
diligent [dílədʒənt]	부지런한	Ants are **diligent**. 개미들은 부지런하다.
take [teik]	데리고 가다	**Take** me home. 나를 집에 데려다 줘.
eagle [íːgl]	독수리	The **eagle** is angry. 독수리가 화났어.

bamboo [bæmbúː]	대나무	Pandas eat **bamboo** leaves. 팬더는 대나무 잎을 먹어.
often [ɔ́ːftən]	자주	I **often** go there. 나는 자주 거기에 간다.
normal [nɔ́ːrməl]	정상의	It's **normal**. 그건 정상이야.
look [luk]	~처럼 보이다	They **look** sick. 그들은 아픈 것처럼 보여.
know [nou]	알다	I **know** him. 나는 그를 알아. 대 him 그를
weak [wiːk]	약한	He is **weak**. 그는 허약해.

A 그림에 맞는 영어 단어를 고르세요.

ⓐ eagle
ⓑ normal

2

ⓐ panda
ⓑ often

3

ⓐ bamboo
ⓑ weak

B 영어 단어에 해당하는 우리말 뜻을 찾아 줄을 그으세요.

1. normal •	• ⓐ ~처럼 보이다
2. look •	• ⓑ 알다
3. know •	• ⓒ 정상의
4. diligent •	• ⓓ 마당
5. yard •	• ⓔ 부지런한

C 다음 단어에 맞는 뜻을 고르세요.

1. angry	자주	화난	부지런한
2. take	알다	데리고 가다	~처럼 보이다
3. weak	부지런한	약한	화난

정답 A-1. a 2. a 3. a B-1. c 2. a 3. b 4. e 5. d C-1. 화난 2. 데리고 가다 3. 약한

A 빈 칸에 맞는 철자를 넣어 비밀의 단어를 찾아 써 보세요.

B 이야기가 있는 그림을 연상하면서 단어의 끝말을 이어보세요.

DAY 28

말썽꾸러기 도마뱀 길들이기!

그림을 보면서 이야기해 봐!

도마뱀은 위기에 처해 꼬리가 밟히면 꼬리를 자르고 도망가는 동물로 유명하죠? 도마뱀은 성질이 온순해서 애완용으로 인기가 있는 동물이기도 하죠. 숨기를 좋아하는 데다 몸이 굉장히 빨라서 잡기가 쉽지 않아요. 애완용 도마뱀이 왜 말썽꾸러기인지 짐작이 가는군요.

단 어	알고 있어요	이제 알아요
fall	✓	✓
lamp		
pet		
tub		
brush		
hide		
Africa		
address		
soap		
pool		
loud		
dirty		
점 수	/12	/12

점수	0~3개	4~7개	8~10개	11~12개
알고 있어요	괜찮아요	많이 알고 있군요	공부 열심히 했군요	굉장한 실력이예요
이제 알아요	힘내서 다시 해봐요	조금 더 집중해요	한번 더 들어봐요	다음으로 넘어가요

단어를 문장으로 익혀봐.

단어를 문장으로 기억하세요.

fall [fɔːl]	떨어지다	The lamp is going to **fall** off. 램프가 떨어지려고 해. 숙어 is going to ~하려고 하다
lamp [læmp]	램프	Will you turn off the **lamp**? 램프를 꺼 줄래? 숙어 turn off 불을 끄다
pet [pet]	애완동물	He has a **pet** lizard. 그는 애완용 도마뱀을 갖고 있어.
tub [tʌb]	욕조	Put it in the **tub**. 그것을 욕조에 넣어라. 대 it 그것을(은)
brush [brʌʃ]	솔질하다	**Brush** your teeth. 이를 닦아라.
hide [haid]	숨다	Where does he **hide**? 그가 어디에 숨어 있지? 의 where 어디(에)

Africa [ǽfrikə]	아프리카	He's from **Africa**. 그는 아프리카에서 왔어.
address [ədrés]	주소	What's your **address**? 주소가 어디니? 의 what 무엇
soap [soup]	비누	Wash your hands with **soap**. 비누로 손을 씻어라.
pool [puːl]	물웅덩이	Is there a swimming **pool**? 수영장은 있나요?
loud [laud]	시끄러운	It's too **loud**. 너무 시끄럽다.
dirty [dɔ́ːrti]	더러운	Your hands are **dirty**. 네 손이 더럽구나.

A 그림에 맞는 영어 단어를 고르세요.

ⓐ pool
ⓑ lamp

2

ⓐ soap
ⓑ fall

3
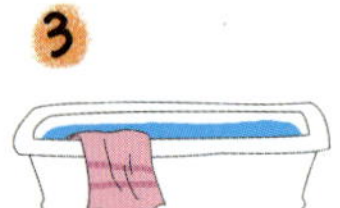

ⓐ pet
ⓑ tub

B 영어 단어에 해당하는 우리말 뜻을 찾아 줄을 그으세요.

1. fall	ⓐ 떨어지다
2. dirty	ⓑ 솔질하다
3. pool	ⓒ 더러운
4. brush	ⓓ 주소
5. address	ⓒ 물웅덩이

C 다음 단어에 맞는 뜻을 고르세요.

1. loud	시끄러운	더러운	애완동물
2. pet	물웅덩이	애완동물	욕조
3. hide	떨어지다	솔질하다	숨다

정답 A - 1. b 2. a 3. b B - 1. a 2. c 3. e 4. b 5. d C - 1. 시끄러운 2. 애완동물 3. 숨다

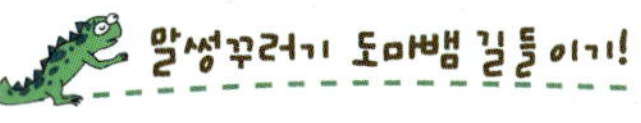

A 빈 칸에 맞는 철자를 넣어 비밀의 단어를 찾아 써 보세요.

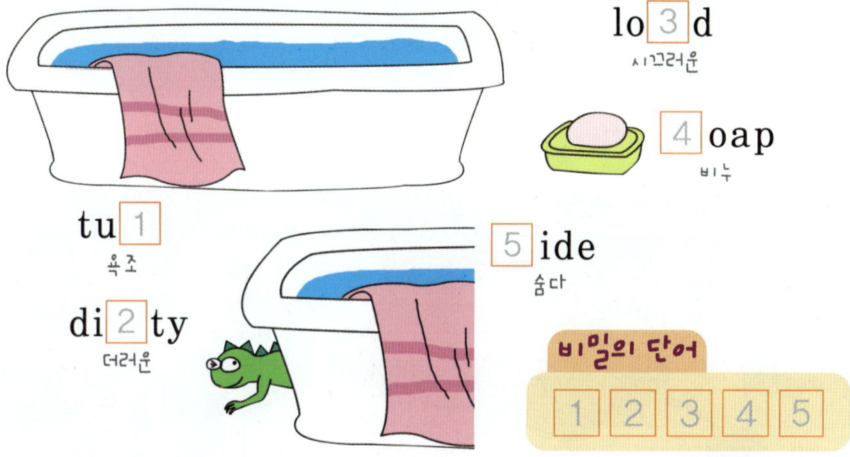

B 이야기가 있는 그림을 연상하면서 단어의 끝말을 이어보세요.

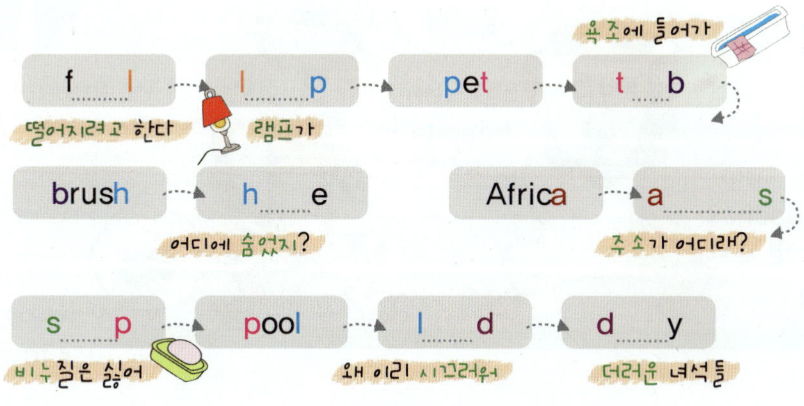

DAY 29

동물원에 독감이 유행하다!

그림을 보면서 이야기해 봐!

동물원에 있는 동물들이 모두 유행성 독감에 걸리면 어떻게 될까요? 아마 동물원 앞에는 '방문 불가'라는 표지판이 걸리겠죠. 동물들을 좋아하는 여러분들은 매우 실망할 것이고 또 독감에 걸린 동물들이 몹시 걱정스럽겠죠? 독감에 걸린 동물들이 어디가 아픈지 살펴보기로 해요.

단 어	알고 있어요	이제 알아요
cough	✓	✓
headache		
empty		
yell		
loss		
sore		
visit		
throat		
tough		
hospital		
leaf		
fever		
점 수	/12	/12

점수	0~3개	4~7개	8~10개	11~12개
알고 있어요	괜찮아요	많이 알고 있군요	공부 열심히 했군요	굉장한 실력이예요
이제 알아요	힘내서 다시 해봐요	조금 더 집중해요	한번 더 들어봐요	다음으로 넘어가요

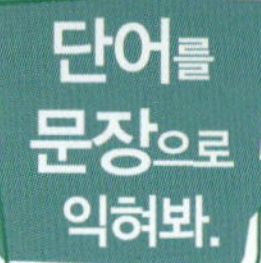

단어를 문장으로 기억하세요.

cough [kɔːf]	기침	I have a bad **cough**. 나는 기침이 심해. 형 bad 몸이 아픈, 심한
headache [hédèik]	두통	I have a **headache**. 나는 머리가 아파.
empty [émpti]	비어 있는	The zoo is **empty**. 동물원이 텅 비었군.
yell [jel]	외치다	They are **yell**ing. 그들이 고함치고 있다.
loss [lɔːs]	잃음	It's a great **loss** to me. 나에게는 커다란 손실이야.
sore [sɔːr]	아픈	I have a **sore** throat. 나는 목이 아파.

visit [vízit]	방문하다	I will **visit** you tomorrow. 내일 너를 방문할게. 부 tomorrow 내일
throat [θrout]	목	Something is in his **throat**. 그의 목에 뭔가 있다.
tough [tʌf]	거친	The lion is a **tough** animal. 사자는 거친 동물이다.
hospital [háspitl]	병원	Will you visit him in the **hospital**? 병원으로 그를 병문안 갈래?
leaf [li:f]	잎	There is a bee on the **leaf**. 잎사귀 위에 벌이 있다. 명 bee 벌
fever [fí:vər]	열	He has a **fever**. 그는 열이 있다.

A 그림에 맞는 영어 단어를 고르세요.

ⓐ tough
ⓑ cough

ⓐ loss
ⓑ hospital

ⓐ headache
ⓑ hospital

B 영어 단어에 해당하는 우리말 뜻을 찾아 줄을 그으세요.

1. empty •	• ⓐ 아픈
2. fever •	• ⓑ 비어 있는
3. sore •	• ⓒ 열
4. yell •	• ⓓ 잃음
5. loss •	• ⓔ 외치다

C 다음 단어에 맞는 뜻을 고르세요.

1. visit	방문하다	외치다	아픈
2. tough	잃음	목	거친
3. hospital	두통	병원	기침

정답 A - 1. b 2. b 3. a B - 1. b 2. c 3. a 4. e 5. d C - 1. 방문하다 2. 거친 3. 병원

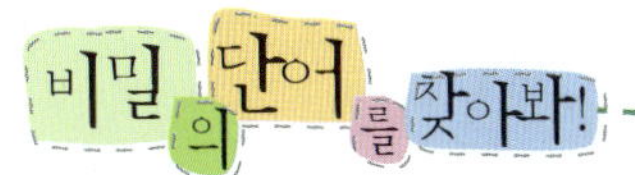

A 빈 칸에 맞는 철자를 넣어 비밀의 단어를 찾아 써 보세요.

B 이야기가 있는 그림을 연상하면서 단어의 끝말을 이어보세요.

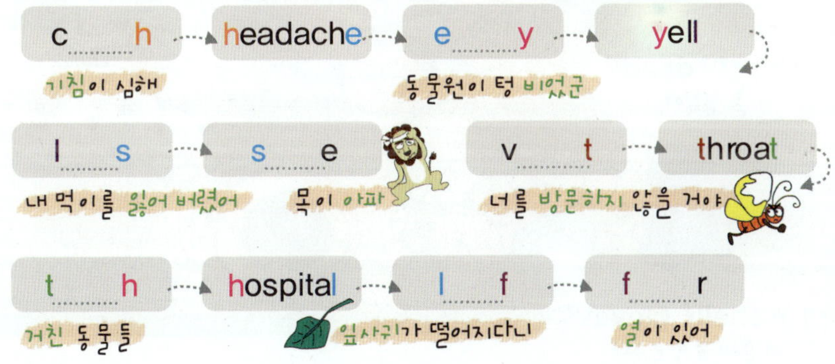

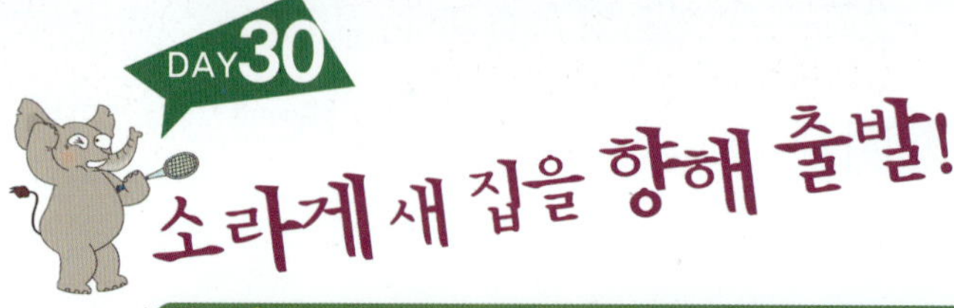

DAY 30 소라게 새 집을 향해 출발!

그림을 보면서 이야기해 봐!

몸이 커지면서 집이 작아진 소라게에게 보다 큰 집이 필요해졌어요. 하지만 소라게 몸에 딱 맞는 집을 찾기란 여간 쉬운 일이 아닌가 봐요. 어렵게 발견한 소라마다 이미 주인이 자리를 잡고 있으니까요. 앞으로 소라가 얼마나 더 힘들고 어려운 모험을 해야 자신의 집을 찾게 될까요?

단 어	알고 있어요	이제 알아요
crab	✓	✓
belong		
glad		
dress		
shell		
laugh		
find		
dead		
design		
narrow		
wing		
glove		
점 수	/12	/12

점수	0~3개	4~7개	8~10개	11~12개
알고 있어요	괜찮아요	많이 알고 있군요	공부 열심히 했군요	굉장한 실력이예요
이제 알아요	힘내서 다시 해봐요	조금 더 집중해요	한번 더 들어봐요	다음으로 넘어가요

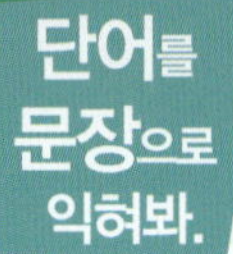

단어를 문장으로 기억하세요.

crab [kræb]	게	The **crab** needs a new house. 게는 새 집이 필요해.
belong [bilɔ́(:)ŋ]	속하다	It **belong**s to me. 그것은 내 거야. 숙어 belong to ~의 소유물이다
glad [glæd]	기쁜	**Glad** to meet you. 너를 만나서 반가워. 동 meet 만나다
dress [dres]	드레스	It's a nice **dress**. 그거 멋진 드레스다. 형 nice 좋은
shell [ʃel]	조개 껍질	There is a crab in the **shell**. 조개 껍질 속에 게가 있어.
laugh [læf]	소리 내어 웃다	Why is he **laugh**ing? 그가 왜 웃는 거지? 의 why 왜

find [faind]	찾다	I will **find** a shell. 나는 조개 껍질을 찾을 거야.
dead [ded]	죽은	It's not **dead**. 그것은 죽지 않았어.
design [dizáin]	디자인	Is this the new **design**? 이것이 새 디자인인가?
narrow [nǽrou]	좁은	The road is too **narrow**. 길이 너무 좁다. 명 road 길
wing [wiŋ]	날개	Birds have two **wings**. 새는 날개가 두 개야.
glove [glʌv]	장갑	This shell fits like a **glove**. 이 조개 껍질은 나에게 꼭 맞는다. 숙어 fit like a glove ~에 꼭 맞다

A 그림에 맞는 영어 단어를 고르세요.

1 

ⓐ wing
ⓑ crab

2 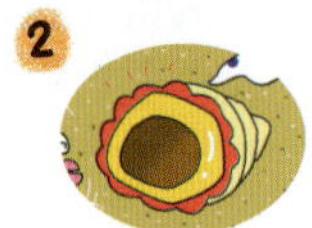

ⓐ shell
ⓑ dress

3 

ⓐ crab
ⓑ wing

B 영어 단어에 해당하는 우리말 뜻을 찾아 줄을 그으세요.

1. belong •	• ⓐ 디자인
2. glove •	• ⓑ 속하다
3. design •	• ⓒ 찾다
4. find •	• ⓓ 좁은
5. narrow •	• ⓔ 장갑

C 다음 단어에 맞는 뜻을 고르세요.

1. laugh	찾다	소리 내어 웃다	속하다
2. glad	좁은	날개	기쁜
3. dead	죽은	좁은	디자인

정답 A - 1. b 2. a 3. b B - 1. b 2. e 3. a 4. c 5. d C - 1. 소리 내어 웃다 2. 기쁜 3. 죽은

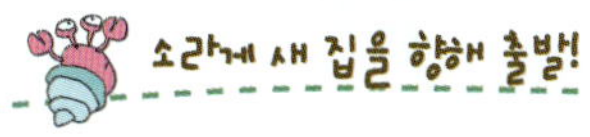

A 빈 칸에 맞는 철자를 넣어 비밀의 단어를 찾아 써 보세요.

B 이야기가 있는 그림을 연상하면서 단어의 끝말을 이어보세요.

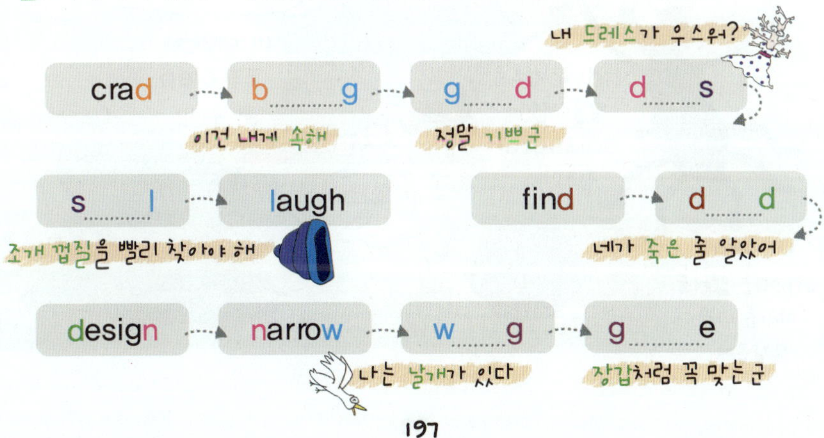

DAY 31 춤추는 거미의 발 여덟 개!

그림을 보면서 이야기해 봐!

거미 양이 발에 발레 슈즈를 신고 춤을 추고 있군요. 여덟 개의 발이 박자에 맞춰 춤을 추는 모습이 정말 신기하죠? 거미 양의 춤 추는 모습을 보니 자부심이 대단한 듯 한데요. 저러다 혹시 발 하나가 실수라도 해서 넘어질까 봐 조금 걱정이 되지 않나요?

단 어	알고 있어요	이제 알아요
problem	✓	✓
mess		
scissors		
shoe		
eight		
tidy		
basic		
clap		
proud		
different		
teach		
hairy		
점 수	/12	/12

점수	0~3개	4~7개	8~10개	11~12개
알고 있어요	괜찮아요	많이 알고 있군요	공부 열심히 했군요	굉장한 실력이예요
이제 알아요	힘내서 다시 해봐요	조금 더 집중해요	한번 더 들어봐요	다음으로 넘어가요

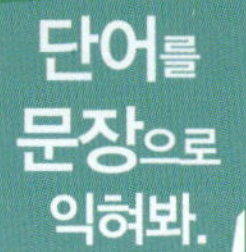

단어를 문장으로 기억하세요.

problem [prάbləm]	문제	What's the **problem**? 문제가 무엇이지?
mess [mes]	뒤죽박죽	Her room is a **mess**. 그녀의 방은 뒤죽박죽이야. 명 room 방
scissors [sízərz]	가위	Can I use your **scissors**? 가위 좀 써도 되겠니? 동 use 사용하다
shoe [ʃuː]	신발	Put your **shoes** on. 신발 신어라. 숙어 put on 입다, 신다, 쓰다
eight [eit]	여덟	The spider has **eight** legs. 거미의 발은 여덟 개야.
tidy [táidi]	정돈된	Her room is not **tidy**. 그녀의 방은 정돈되어 있지 않아.

basic [béisik]	기초적인	Teach me some **basic** skills. 나에게 기초적인 기술을 좀 가르쳐 줘.
clap [klæp]	박수치다	She's **clap**ping her hands. 그녀가 박수를 치고 있다.
proud [praud]	자랑으로 여기는	I'm **proud** of you. 나는 네가 자랑스러워. 숙어 be proud of ~을 자랑스럽게 여기다
different [dífərənt]	다른	You look **different**. 너 달라 보인다.
teach [tiːtʃ]	가르치다	Will you **teach** me that? 그것 좀 가르쳐 줄래?
hairy [hέəri]	털이 많은	She has the little **hairy** feet. 그녀의 다리는 자그마한 털이 많아.

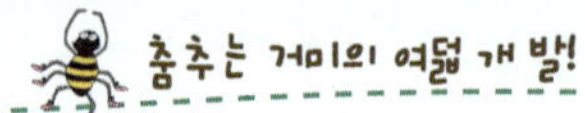

A 그림에 맞는 영어 단어를 고르세요.

ⓐ mess
ⓑ scissors

ⓐ shoe
ⓑ tidy

ⓐ clap
ⓑ hairy

B 영어 단어에 해당하는 우리말 뜻을 찾아 줄을 그으세요.

1. teach ·	· ⓐ 가르치다
2. different ·	· ⓑ 문제
3. problem ·	· ⓒ 여덟
4. eight ·	· ⓓ 다른
5. mess ·	· ⓔ 뒤죽박죽

C 다음 단어에 맞는 뜻을 고르세요.

1. basic	다른	뒤죽박죽	기초적인
2. proud	문제	자랑으로 여기는	털이 많은
3. tidy	정돈된	기초적인	다른

정답 A - 1. b 2. a 3. a B - 1. a 2. d 3. b 4. c 5. e C - 1-기초적인 2. 자랑으로 여기는 3. 정돈된

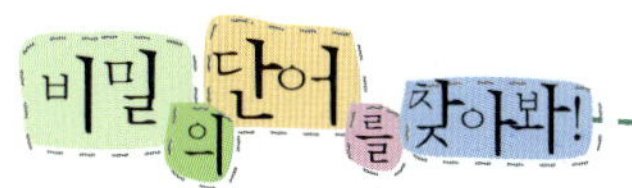

A 빈 칸에 맞는 철자를 넣어 비밀의 단어를 찾아 써 보세요.

B 이야기가 있는 그림을 연상하면서 단어의 끝말을 이어보세요.

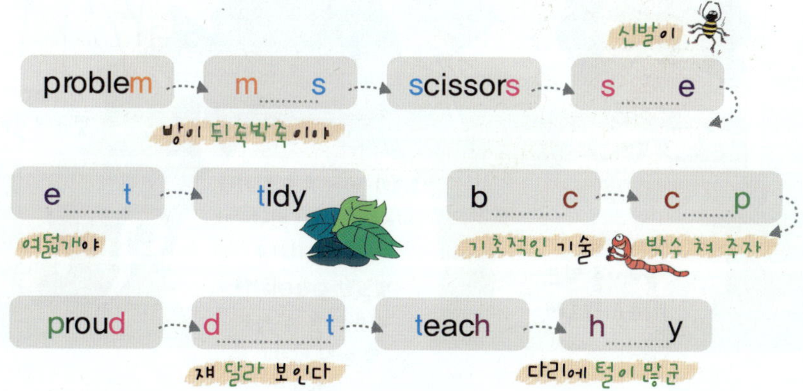

DAY 32

고릴라 최고 음식은 바나나!

그림을 보면서 이야기해 봐!

매일 먹는 바나나에 질려 버린 고릴라가 다른 음식을 찾아 나섰어요. 사자가 먹는 고기, 기린이 먹는 나뭇잎 또 새들이 먹는 씨앗들을 먹어 보았지만 영 맛이 없었죠. 새로운 음식을 찾아 보려다가 배고프고 지친 고릴라는 자신이 매일 먹는 바나나가 이 세상 최고의 음식이라는 사실을 깨닫게 되었죠.

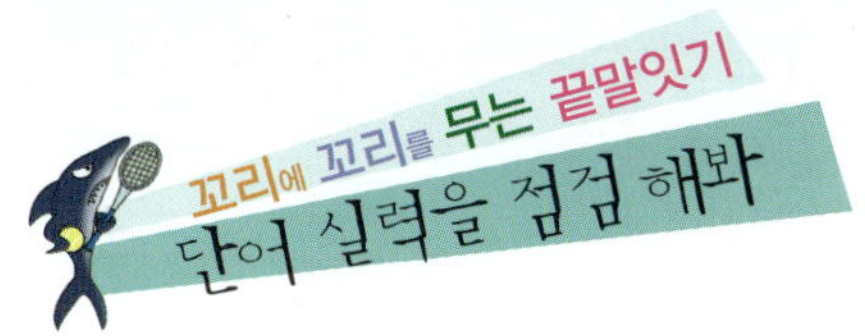

단 어	알고 있어요	이제 알아요
banana	✓	✓
aim		
meat		
top		
peel		
life		
hoof		
famous		
seed		
delicious		
suit		
try		
점 수	/12	/12

점수	0~3개	4~7개	8~10개	11~12개
알고 있어요	괜찮아요	많이 알고 있군요	공부 열심히 했군요	굉장한 실력이예요
이제 알아요	힘내서 다시 해봐요	조금 더 집중해요	한번 더 들어봐요	다음으로 넘어가요

단어를 문장으로 익혀봐.

단어를 문장으로 기억하세요.

banana [bənǽnə]	바나나	The gorilla likes **banana**s. 고릴라는 바나나를 좋아해.
aim [eim]	목표	What is your **aim**? 너의 목표는 무엇이니?
meat [miːt]	고기	The lion likes **meat**. 사자는 고기를 좋아해.
top [tɑp]	꼭대기	It is on the **top** of the tree. 그것이 나무 꼭대기에 있어.
peel [piːl]	껍질을 벗기다	**Peel** the banana down. 바나나 껍질을 벗겨라.
life [laif]	생활	My **life** is exciting. 내 생활은 흥미진진해. 형 exciting 흥미진진한

hoof [hu(:)f]	발굽	The **hoof** is cloven. 발굽이 갈라졌어. 형 cloven 갈라진, 둘로 나뉘어진
famous [féiməs]	유명한	I'm a **famous** singer. 나는 유명한 가수야.
seed [siːd]	씨앗	The parrot is eating the **seeds**. 앵무새가 씨앗을 먹고 있어.
delicious [dilíʃəs]	맛있는	This is a **delicious** meat. 이것은 맛있는 고기야.
suit [suːt]	~에 잘 맞다	This meat doesn't **suit** me. 이 고기는 나에게 맞지 않아.
try [trai]	시도하다	I'll **try** this cake. 나는 이 케이크를 먹어 볼게.

A 그림에 맞는 영어 단어를 고르세요.

1 

ⓐ meat
ⓑ suit

2 

ⓐ seed
ⓑ peel

3 

ⓐ life
ⓑ hoof

B 영어 단어에 해당하는 우리말 뜻을 찾아 줄을 그으세요.

1. aim ·	· ⓐ ~에 잘 맞다
2. top ·	· ⓑ 꼭대기
3. suit ·	· ⓒ 목표
4. try ·	· ⓓ 맛있는
5. delicious ·	· ⓔ 시도하다

C 다음 단어에 맞는 뜻을 고르세요.

1. famous ------ 맛있는 --- 유명한 --- 바나나
2. peel ------ 껍질을 벗기다 --- ~에 잘 맞다 --- 시도하다
3. aim ------ 목표 --- 꼭대기 --- 생활

정답 A-1. a 2. a 3. b B-1. c 2. b 3. a 4. e 5. d C-1. 유명한 2. 껍질을 벗기다 3. 목표

A 빈 칸에 맞는 철자를 넣어 비밀의 단어를 찾아 써 보세요.

B 이야기가 있는 그림을 연상하면서 단어의 끝말을 이어보세요.

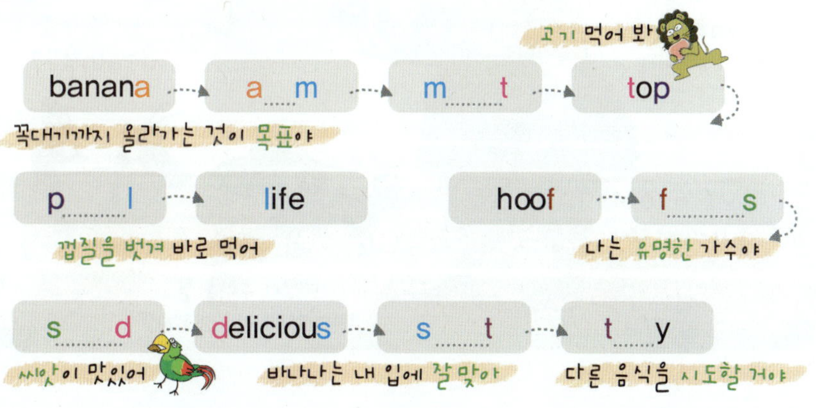

DAY 33

숲속 동물들 나무 아파트!

그림을 보면서 이야기해 봐!

나무는 숲 속 온갖 동물들에게 더할 나위 없이 훌륭한 보금자리인데요. 땅 속 나무 뿌리에 사는 곤충, 나무 몸통에 사는 동물 그리고 줄기나 가지에 사는 동물들, 나무의 층마다 자기 집을 만들어 은신처로 삼고 사는 동물들을 만나 볼까요?

어? 재네 집엔 door가 없네?

엄마, 밥 좀 feed해 주세요.

내 차례는 next야?

swing 타기는 내가 제일 잘하는 장기지.

이렇게 나무에 hole를 내어 우리 애기들을 키울 거야. 바로 이 부리가 훌륭한 tool이지.

집에 가서 얼른 rest해야지.

나는 나무와 같은 색 brown으로 변하는 변신술의 대가!

아마 떨어지면 death일걸?

나는 이 roots 사이에서 살아.

대장이 우리를 잘 lead하고 있는 거겠지?

오, 제법 golf를 잘 치는데?

단 어	알고 있어요	이제 알아요
brown	✓	✓
next		
tool		
lead		
door		
rest		
roots		
swing		
golf		
feed		
death		
hole		
점 수	/12	/12

점수	0~3개	4~7개	8~10개	11~12개
알고 있어요	괜찮아요	많이 알고 있군요	공부 열심히 했군요	굉장한 실력이예요
이제 알아요	힘내서 다시 해봐요	조금 더 집중해요	한번 더 들어봐요	다음으로 넘어가요

단어를 문장으로 익혀봐.

단어를 문장으로 기억하세요.

brown [braun]	갈색	The **brown** bear is very big. 그 갈색 곰은 매우 크다.
next [nekst]	다음	Am I **next**? 다음은 나야?
tool [tu:l]	도구	I need a **tool** to open this. 이걸 열려면 도구가 필요해. 동 need 필요하다 동 open 열다
lead [li:d]	이끌다	He is **lead**ing us. 그가 우리를 이끌고 있다.
door [dɔ:r]	문	The **door** is open. 문이 열려 있다.
rest [rest]	쉬다	She is **rest**ing on the sofa. 그녀는 소파에서 쉬고 있어. 명 sofa 소파

roots [ru(:)ts]	뿌리	This tree has little long **roots**. 이 나무는 자잘한 긴 뿌리가 있다. 보충 roots는 root의 복수예요.
swing [swiŋ]	그네	The monkey is on a **swing**. 원숭이가 그네를 타고 있다. 명 monkey 원숭이
golf [gɔːlf]	골프	They are playing **golf**. 그들이 골프를 치고 있다.
feed [fiːd]	먹이다	The bird is **feed**ing its baby birds. 새가 자기 아기 새에게 먹이를 먹이고 있다. 대 its 그것의
death [deθ]	죽음	I'm ready for **death**. 나는 죽을 준비가 되어 있다. 형 ready 준비가 된
hole [houl]	구멍	There is a **hole** in the tree. 나무에 구멍이 있다.

A 그림에 맞는 영어 단어를 고르세요.

1

ⓐ rest
ⓑ hole

2

ⓐ tool
ⓑ swing

3

ⓐ golf
ⓑ roots

B 영어 단어에 해당하는 우리말 뜻을 찾아 줄을 그으세요.

1. feed •	• ⓐ 죽음
2. death •	• ⓑ 쉬다
3. rest •	• ⓒ 먹이다
4. tool •	• ⓓ 이끌다
5. lead •	• ⓒ 도구

C 다음 단어에 맞는 뜻을 고르세요.

1. brown	그네	구멍	갈색
2. next	다음	도구	죽음
3. door	구멍	문	그네

정답 A－1. b 2. b 3. a B－1. c 2. a 3. b 4. e 5. d C－1. 갈색 2. 다음 3. 문

A 빈 칸에 맞는 철자를 넣어 비밀의 단어를 찾아 써 보세요.

B 이야기가 있는 그림을 연상하면서 단어의 끝말을 이어보세요.

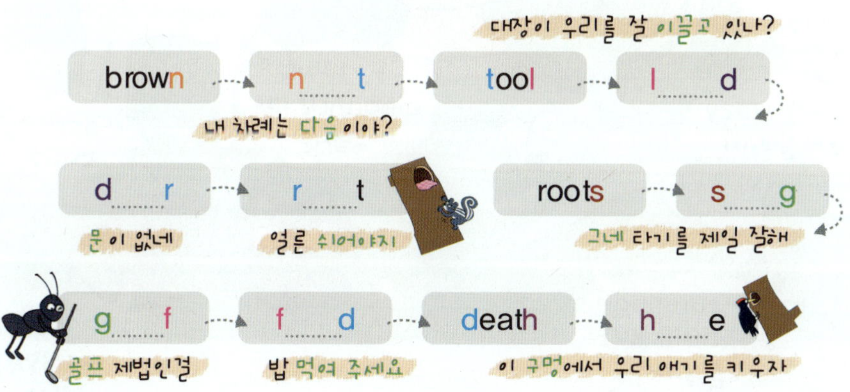

DAY 34

달리기는 강아지의 운명!

그림을 보면서 이야기해 봐!

집에서 애완용으로 사랑 받는 강아지들은 왜 달리기를 좋아할까요? 산책을 시키거나 운동을 시킬 때 강아지들은 느릿느릿 걷는 법이 없죠. 아마 어느 동물에게나 있기 마련인 본능적인 특성 때문일 거예요. 하루 종일 지치지 않고 뛰어다니는 이 귀여운 강아지들을 시기하는 고양이도 좀 구경할까요?

단 어	알고 있어요	이제 알아요
weather	✓	✓
running		
grace		
elegant		
thrill		
lazy		
rude		
earring		
garden		
never		
raindrop		
puppy		
점 수	/12	/12

점수	0~3개	4~7개	8~10개	11~12개
알고 있어요	괜찮아요	많이 알고 있군요	공부 열심히 했군요	굉장한 실력이에요
이제 알아요	힘내서 다시 해봐요	조금 더 집중해요	한번 더 들어봐요	다음으로 넘어가요

단어를 문장으로 익혀봐.

단어를 문장으로 기억하세요.

weather [wéðər]	날씨	It's a fine **weather**. 날씨가 좋다.
running [rʌ́niŋ]	달리기	**Running** is good for you. 달리기는 너에게 좋아.
grace [greis]	우아	She's walking with **grace**. 그녀는 우아하게 걷고 있다. 동 walk 걷다
elegant [éləgənt]	우아한	I'm an **elegant** cat. 나는 우아한 고양이지.
thrill [θril]	스릴, 전율	The circus was a great **thrill**. 서커스는 대단한 스릴이었다.
lazy [léizi]	게으른	He is a **lazy** boy. 그는 게으른 아이야.

rude [ruːd]	무례한	You are **rude** to me. 너는 나에게 무례하다.
earring [íəriŋ]	귀고리	He's wearing an **earring**. 그는 귀고리를 하고 있다. 보충 귀고리 한 쌍은 〈a pair of earrings〉라고 해요.
garden [gáːrdn]	정원	She's working in the **garden**. 그녀는 정원에서 일하고 있다. 동 work 일하다
never [névər]	절대로 ~않다	I will **never** do that again. 다시는 그렇게 하지 않을 거야. 보충 never는 강하게 부정하는 말이에요.
raindrop [réindràp]	빗방울	A **raindrop** fell on my head. 빗방울이 머리에 떨어졌어.
puppy [pʌ́pi]	강아지	It's a cute **puppy**. 귀여운 강아지야. 형 cute 귀여운

A 그림에 맞는 영어 단어를 고르세요.

1 

ⓐ grace
ⓑ puppy

2 

ⓐ earring
ⓑ raindrop

3 

ⓐ rude
ⓑ garden

B 영어 단어에 해당하는 우리말 뜻을 찾아 줄을 그으세요.

1. thrill •	• ⓐ 게으른
2. lazy •	• ⓑ 스릴
3. never •	• ⓒ 절대로 ~않다
4. weather •	• ⓓ 우아한
5. elegant •	• ⓔ 날씨

C 다음 단어에 맞는 뜻을 고르세요.

1. rude ---- 우아한 ---- 게으른 ---- 무례한

2. raindrop ---- 강아지 ---- 빗방울 ---- 스릴

3. grace ---- 정원 ---- 귀고리 ---- 우아

정답 A-1. b 2. a 3. b B-1. b 2. a 3. c 4. e 5. d C-1. 무례한 2. 빗방울 3. 우아

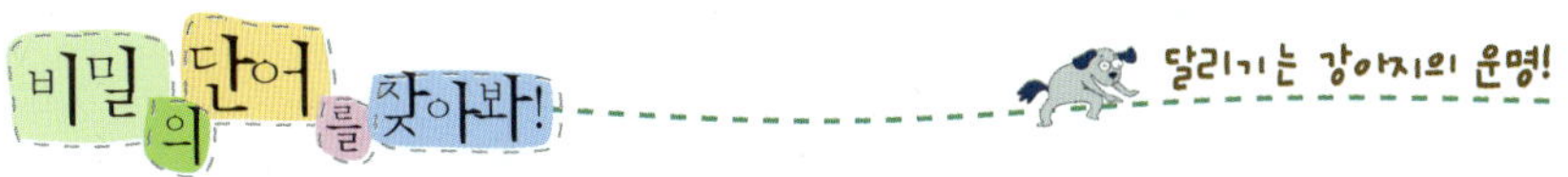

A 빈 칸에 맞는 철자를 넣어 비밀의 단어를 찾아 써 보세요.

B 이야기가 있는 그림을 연상하면서 단어의 끝말을 이어보세요.

코믹만점 원숭이 학교!

그림을 보면서 이야기해 봐!

원숭이들이 학교에서 공연 연습을 하고 있군요. 이들이 공연 연습을 하는 모습이 정말 신기하기도 하고 우스꽝스럽기도 한데요. 아니나 다를까 원숭이들은 워낙 말썽꾸러기들이라서 각기 자기 하고 싶은 대로 하고 있군요. 원숭이들이 공연할 수 있도록 가르치는 일이 정말 쉽지가 않겠죠?

단 어	알고 있어요	이제 알아요
clothes	✓	✓
star		
reason		
naked		
dam		
mask		
kidding		
guess		
scratch		
helmet		
talent		
trouble		
점 수	/12	/12

점수	0~3개	4~7개	8~10개	11~12개
알고 있어요	괜찮아요	많이 알고 있군요	공부 열심히 했군요	굉장한 실력이예요
이제 알아요	힘내서 다시 해봐요	조금 더 집중해요	한번 더 들어봐요	다음으로 넘어가요

단어를 문장으로 익혀봐.

단어를 문장으로 기억하세요.

clothes [klouðz]	옷	Put your **clothes** on. 옷 입어라. 숙어 put on 입다
star [stɑːr]	스타, 1인자, 별	He is a soccer **star**. 그는 축구 스타야. 명 soccer 축구
reason [ríːzən]	이유	What's the **reason**? 이유가 뭐니?
naked [néikid]	벌거벗은	The baby is **naked**. 아기가 옷을 입지 않았어.
dam [dæm]	댐, 둑	He made the **dam**. 그는 댐을 만들었다. 보충 made는 make의 과거에요.
mask [mɑsk]	마스크, 가면	He's wearing a **mask**. 그가 가면을 쓰고 있다. 보충 He's는 〈He is〉의 줄임 말이에요.

Word	Meaning	Example
kidding [kidiŋ]	농담하는	Are you **kidding**? 너 농담하는 거지?
guess [ges]	추측하다	Can you **guess** her age? 그녀의 나이를 짐작할 수 있겠니? 명 age 나이
scratch [skrætʃ]	긁다	I **scratch**ed his head. 내가 그의 머리를 긁었다.
helmet [hélmit]	헬멧	He is wearing a **helmet**. 그는 헬멧을 쓰고 있다.
talent [tǽlənt]	재능	He has a **talent** for tap dance. 그는 탭댄스에 재능이 있다.
trouble [trʌ́bl]	말썽, 문제	He is a **trouble** maker. 그는 문제아야.

A 그림에 맞는 영어 단어를 고르세요.

ⓐ mask
ⓑ guess

ⓐ helmet
ⓑ talent

ⓐ star
ⓑ scratch

B 영어 단어에 해당하는 우리말 뜻을 찾아 줄을 그으세요.

1. guess ·	· ⓐ 이유
2. reason ·	· ⓑ 옷
3. dam ·	· ⓒ 추측하다
4. clothes ·	· ⓓ 댐
5. kidding ·	· ⓔ 장난하는

C 다음 단어에 맞는 뜻을 고르세요.

1. talent	이유	재능	가면
2. trouble	말썽	헬멧	이유
3. naked	추측하다	긁다	벌거벗은

정답 A - 1. a 2. a 3. b B - 1. c 2. a 3. d 4. b 5. e C - 1. 재능 2. 말썽 3. 벌거벗은

A 빈 칸에 맞는 철자를 넣어 비밀의 단어를 찾아 써 보세요.

B 이야기가 있는 그림을 연상하면서 단어의 끝말을 이어보세요.

DAY 36

큰일났다 달이 강물에 빠졌어!

그림을 보면서 이야기해 봐!

호숫가를 산책하던 기린이 호수에 어른거리는 달을 발견했어요. 달이 호수에 빠졌다고 생각한 기린은 동물 친구들을 불러 모았는데, 이를 본 동물 친구들은 모두 깜짝 놀라서 큰 소동을 일으켰지요. 결국 한참을 의논한 끝에 자신들이 달을 구해보기로 결심했대요.

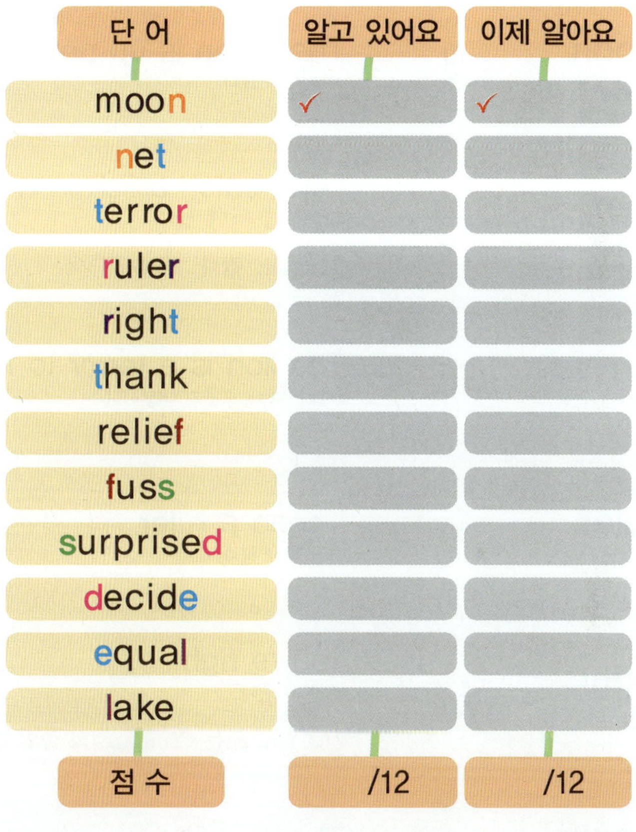

단 어	알고 있어요	이제 알아요
moon	✓	✓
net		
terror		
ruler		
right		
thank		
relief		
fuss		
surprised		
decide		
equal		
lake		
점 수	/12	/12

점수	0~3개	4~7개	8~10개	11~12개
알고 있어요	괜찮아요	많이 알고 있군요	공부 열심히 했군요	굉장한 실력이예요
이제 알아요	힘내서 다시 해봐요	조금 더 집중해요	한번 더 들어봐요	다음으로 넘어가요

단어를 문장으로 익혀봐.

단어를 문장으로 기억하세요.

moon [muːn]	달	The **moon** is up now. 이제 달이 떴다.
net [net]	그물	Let's catch a fish in a **net**. 그물로 물고기를 잡자. 동 catch 잡다 명 bird 새
terror [térər]	공포	The lion is a **terror** to me. 사자는 내게 공포의 대상이다.
ruler [rúːlər]	자	I need a **ruler**. 나는 자가 필요해.
right [rait]	옳은	You're **right**. 네 말이 옳아. 보충 You're는 〈You are〉의 줄임 말이에요.
thank [θæŋk]	감사하다	**Thank** you. 고마워.

relief [rilí:f]	안도, 안심	That's a **relief**. 안심이 된다.
fuss [fʌs]	소동, 법석	Don't make a **fuss**. 소동 피우지 마라. 숙어 make a fuss 소란을 피우다
surprised [sərpráizd]	놀란	We are so **surprised**. 우리는 정말 깜짝 놀랐어.
decide [disáid]	결정하다	It's hard to **decide**. 결정하기가 힘들다.
equal [í:kwəl]	똑 같은	2 plus 5 **equals** 7. 2 더하기 5는 7과 같다.
lake [leik]	호수	Where is the **lake**? 그 호수는 어디에 있니? 의 where 어디에

A 그림에 맞는 영어 단어를 고르세요.

1
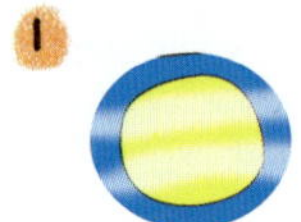

ⓐ fuss
ⓑ moon

2

ⓐ net
ⓑ lake

3

ⓐ ruler
ⓑ right

B 영어 단어에 해당하는 우리말 뜻을 찾아 줄을 그으세요.

1. terror •	• ⓐ 공포
2. thank •	• ⓑ 똑 같은
3. equal •	• ⓒ 감사하다
4. fuss •	• ⓓ 안도
5. relief •	• ⓔ 소동

C 다음 단어에 맞는 뜻을 고르세요.

1. lake	공포	호수	소동
2. right	옳은	똑 같은	놀란
3. thank	결정하다	감사하다	그물

정답 A－1. b 2. b 3. a B－1. a 2. c 3. b 4. e 5. d C－1. 호수 2. 옳은 3. 감사하다

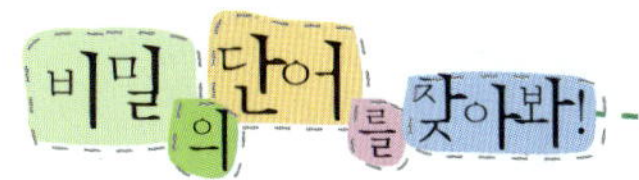

A 빈 칸에 맞는 철자를 넣어 비밀의 단어를 찾아 써 보세요.

B 이야기가 있는 그림을 연상하면서 단어의 끝말을 이어보세요.

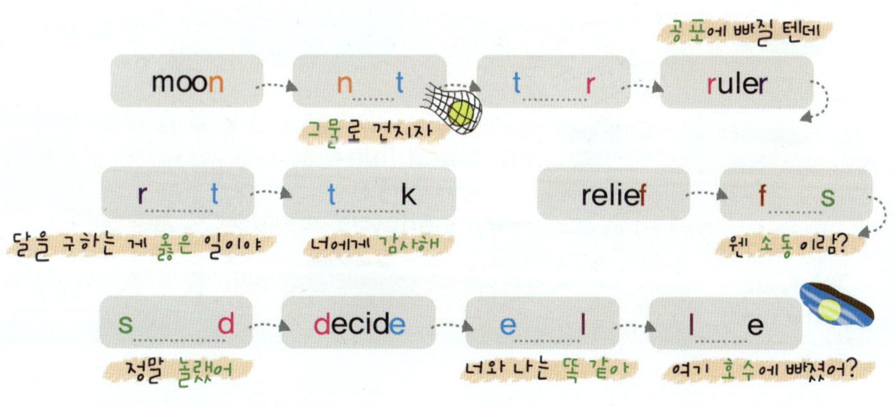

DAY37

최고 멋쟁이 아빠 공작!

그림을 보면서 이야기해 봐!

깃털을 활짝 펼친 아빠 공작은 세상에서 가장 화려하고 아름다운 자태를 자랑 할만 하죠. 이를 지켜보는 아들 공작은 얼른 어른이 되어서 자신도 아빠 공작처럼 화려한 모습을 지닐 날을 손꼽아 기다리는데요. 그 날이 언제가 되든 아빠처럼 될 수 있다는 것만으로도 행복한 일일 거에요.

단 어	알고 있어요	이제 알아요
beautiful	✓	✓
lack		
kid		
dear		
repeat		
thousand		
belief		
feather		
red		
date		
envy		
yet		
점 수	/12	/12

점수	0~3개	4~7개	8~10개	11~12개
알고 있어요	괜찮아요	많이 알고 있군요	공부 열심히 했군요	굉장한 실력이에요
이제 알아요	힘내서 다시 해봐요	조금 더 집중해요	한번 더 들어봐요	다음으로 넘어가요

단어를 문장으로 익혀봐.

단어를 문장으로 기억하세요.

beautiful [bjú:təfəl]	아름다운	The peacock is really **beautiful**. 공작은 정말로 아름답다. 명 peacock 공작
lack [læk]	부족	There is no **lack** of food. 음식은 부족하지 않아.
kid [kid]	아이	He's a little **kid**. 그는 어린아이야. 형 little 어린
dear [diər]	사랑하는	What a **dear** little kid! 정말 사랑스러운 아이야!
repeat [ripí:t]	반복하다	Please **repeat** again. 다시 반복해 주세요.
thousand [θáuzənd]	천	I have five **thousand** won. 나는 5,000원이 있다.

belief [bilíːf]	믿음	I have a strong **belief** in God. 나는 신에 대한 강한 믿음을 갖고 있어. 명 God 신
feather [féðər]	깃털	The peacock has beautiful **feathers**. 공작은 깃털이 아름다워.
red [red]	빨간	The rabbit has **red** eyes. 토끼의 눈이 빨갛다.
date [deit]	날짜	What's the **date** today? 오늘이 몇 일이지?
envy [énvi]	부러워하다	I **envy** him. 나는 그가 부러워.
yet [jet]	아직	I'm not ready **yet**. 나는 아직 준비가 안 됐어.

A 그림에 맞는 영어 단어를 고르세요.

1 

ⓐ red
ⓑ yet

2 

ⓐ feather
ⓑ thousand

3 

ⓐ belief
ⓑ beautiful

B 영어 단어에 해당하는 우리말 뜻을 찾아 줄을 그으세요.

1. lack •	• ⓐ 아이
2. kid •	• ⓑ 사랑하는
3. dear •	• ⓒ 부족
4. envy •	• ⓓ 아직
5. yet •	• ⓔ 부러워하다

C 다음 단어에 맞는 뜻을 고르세요.

1. repeat	반복하다	부러워하다	믿음
2. date	부족	천	날짜
3. belief	빨간	믿음	아이

정답 A - 1. a 2. a 3. b B - 1. c 2. a 3. b 4. e 5. d C - 1. 반복하다 2. 날짜 3. 믿음

A 빈 칸에 맞는 철자를 넣어 비밀의 단어를 찾아 써 보세요.

B 이야기가 있는 그림을 연상하면서 단어의 끝말을 이어보세요.

DAY 38

드래곤 쇼핑음식 배에 채우다!

그림을 보면서 이야기해 봐!

음식 찬장이 텅 비어 쇼핑을 하러 가게 된 드래곤! 원래 쇼핑을 좋아하는 드래곤이라서 음식을 잔뜩 사게 되었는데요. 욕심 많은 드래곤이 너무 많은 음식을 사는 바람에 차에 실을 수가 없게 되었죠. 하는 수 없이 음식을 먹기 시작했는데, 그만 몽땅 다 먹어 버리는 바람에 배가 산 만큼 커져서 차에 탈 수 가 없었대요.

단 어	알고 있어요	이제 알아요
song	✓	✓
genius		
shopping		
gentleman		
nothing		
grey		
job		
brand		
dragon		
newspaper		
return		
nice		
점 수	/12	/12

점수	0~3개	4~7개	8~10개	11~12개
알고 있어요	괜찮아요	많이 알고 있군요	공부 열심히 했군요	굉장한 실력이에요
이제 알아요	힘내서 다시 해봐요	조금 더 집중해요	한번 더 들어봐요	다음으로 넘어가요

단어를 문장으로 익혀봐.

단어를 문장으로 기억하세요.

song [sɔːŋ]	노래	She is singing a **song**. 그녀가 노래를 부르고 있다. 동 sing 노래하다
genius [dʒíːnjəs]	천재	He is a **genius**. 그는 천재야.
shopping [ʃápiŋ]	쇼핑	We are going **shopping**. 우리는 쇼핑 하러 가. 명 동 shop 가게, 물건을 사러 가다
gentleman [dʒéntlmən]	신사	He is a **gentleman**. 그는 신사야.
nothing [nʌ́θiŋ]	아무것도 없음	I have **nothing** to eat. 먹을 게 아무것도 없어.
grey [grei]	회색	She's wearing a **grey** skirt. 그녀는 회색 치마를 입고 있다. 명 skirt 치마

job [dʒɑb]	일, 직업	This is my **job**. 이건 내 일이야.
brand [brænd]	상표	I like this **brand** of shoes. 나는 이 상표의 신발을 좋아해. 명 shoes 신발
dragon [drǽgən]	용	This book is about **dragon**s. 이 책은 용에 관한 거야. 전 about ~에 대하여
newspaper [njúːzpèipər]	신문	He's reading a **newspaper**. 그는 신문을 읽고 있어. 동 read 읽다
return [ritə́ːrn]	돌아가다	They will **return** soon. 그들은 곧 돌아올 거야. 부 soon 곧
nice [nais]	맛있는, 멋있는	This soup is **nice**. 이 수프 맛있네. 명 soup 수프

A 그림에 맞는 영어 단어를 고르세요.

1

ⓐ genius
ⓑ dragon

2

ⓐ gentleman
ⓑ newspaper

3

ⓐ shopping
ⓑ nothing

B 영어 단어에 해당하는 우리말 뜻을 찾아 줄을 그으세요.

1. genius •	• ⓐ 회색
2. return •	• ⓑ 돌아가다
3. grey •	• ⓒ 신사
4. gentleman •	• ⓓ 천재
5. nothing •	• ⓔ 아무것도 없음

C 다음 단어에 맞는 뜻을 고르세요.

1. song	일	노래	천재
2. nice	신사	멋있는	회색
3. job	노래	상표	일

정답 A－1. b 2. b 3. a B－1. d 2. b 3. a 4. c 5. e C－1. 노래 2. 멋있는 3. 일

A 빈 칸에 맞는 철자를 넣어 비밀의 단어를 찾아 써 보세요.

B 이야기가 있는 그림을 연상하면서 단어의 끝말을 이어보세요.

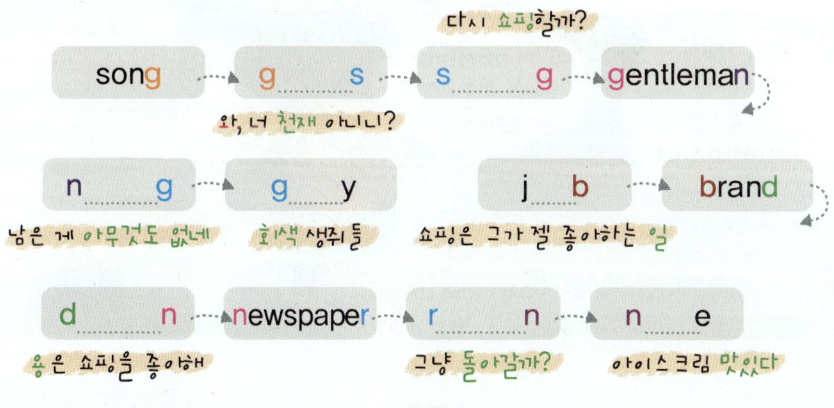

DAY 39

코끼리를 쓰러트린 개미 5형제!

그림을 보면서 이야기해 봐!

개미와 코끼리의 크기 차이만큼이나 몸집의 차이가 큰 동물도 없을 텐데요. 눈곱만한 개미가 덩치 큰 코끼리를 쓰러트릴 수 있는 방법이 있다면 믿을 수 있겠어요? 그것은 개미들이 코끼리 귀나 코 속으로 들어가면 코끼리가 괴로워 그만 쓰러지는 건데요. 아주 간단하면서도 손쉽게 덩치 큰 코끼리를 보내는 방법이죠.

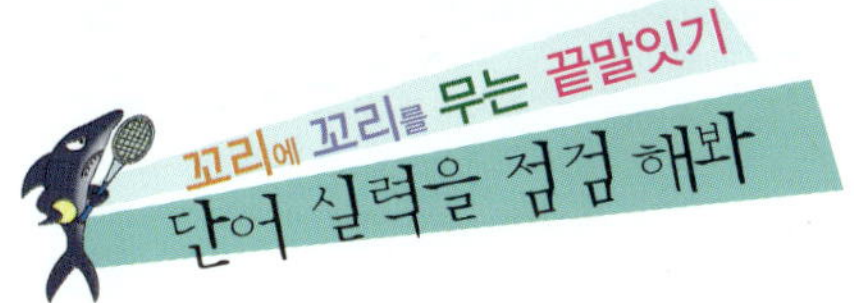

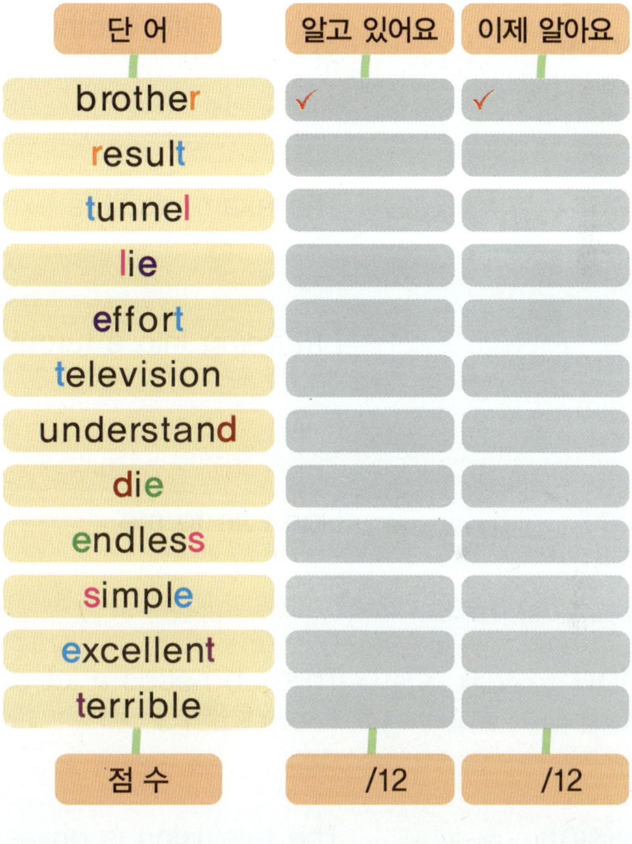

단 어	알고 있어요	이제 알아요
brother	✓	✓
result		
tunnel		
lie		
effort		
television		
understand		
die		
endless		
simple		
excellent		
terrible		
점 수	/12	/12

점수	0~3개	4~7개	8~10개	11~12개
알고 있어요	괜찮아요	많이 알고 있군요	공부 열심히 했군요	굉장한 실력이예요
이제 알아요	힘내서 다시 해봐요	조금 더 집중해요	한번 더 들어봐요	다음으로 넘어가요

단어를 문장으로 익혀봐.

단어를 문장으로 기억하세요.

brother [brʌ́ðər]	형제	He's my little **brother**. 그는 나의 동생이야. 형 little 어린
result [rizʌ́lt]	결과	The exam **result** is excellent. 시험 결과가 훌륭하다.
tunnel [tʌ́nl]	터널	I'm going into a **tunnel**. 나는 터널 속으로 들어가고 있어. 전 into ~안으로
lie [lai]	거짓말하다	Don't **lie** to me. 나에게 거짓말 하지마.
effort [éfərt]	노력, 수고	This job needs a lot of **effort**. 이 일은 많은 노력을 필요로 해.
television [téləvìʒən]	텔레비전	The **television** is on. 텔레비전이 켜져 있다.

understand [ʌ̀ndərstǽnd]	이해하다	Do you **understand** me? 내 말 알아듣겠니?
die [dai]	죽다	My poor dog **died**. 내 불쌍한 개가 죽었어. 형 poor 가여운, 가난한
endless [éndlis]	끝없는	The line is **endless**. 줄이 끝없이 길다. 명 line 줄
simple [símpəl]	간단한	It's a **simple** question. 그건 간단한 질문이다. 명 question 질문
excellent [éksələnt]	훌륭한	His idea is **excellent**. 그의 아이디어는 훌륭하다.
terrible [térəbəl]	끔찍한, 무서운	It was a **terrible** dream. 그건 끔찍한 꿈이었다. 명 동 dream 꿈, 꿈꾸다

A 그림에 맞는 영어 단어를 고르세요.

ⓐ television
ⓑ excellent

2

ⓐ brother
ⓑ effort

3

ⓐ result
ⓑ tunnel

B 영어 단어에 해당하는 우리말 뜻을 찾아 줄을 그으세요.

1. terrible •	• ⓐ 노력
2. effort •	• ⓑ 끔찍한
3. endless •	• ⓒ 훌륭한
4. understand •	• ⓓ 끝없는
5. excellent •	• ⓔ 이해하다

C 다음 단어에 맞는 뜻을 고르세요.

1. lie - - - - 이해하다 - - - - 거짓말하다 - - - - 죽다

2. tunnel - - - - 노력 - - - - 결과 - - - - 터널

3. simple - - - - 간단한 - - - - 무서운 - - - - 끝없는

정답 A - 1. a 2. a 3. a B - 1. b 2. a 3. d 4. e 5. c C - 1. 거짓말하다 2. 터널 3. 간단한

A 빈 칸에 맞는 철자를 넣어 비밀의 단어를 찾아 써 보세요.

B 이야기가 있는 그림을 연상하면서 단어의 끝말을 이어보세요.

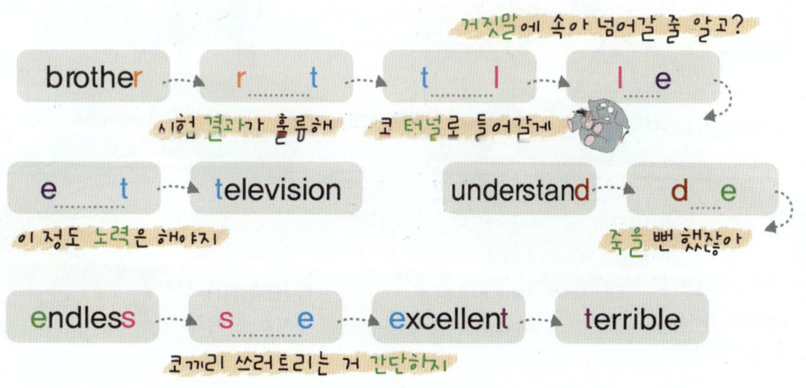

DAY 40
잠꾸러기 꿀꿀이 아줌마 깨우기!

그림을 보면서 이야기해 봐!

따스한 오후 딸기 밭에서 잠이 든 꿀꿀이 아줌마! 동물 친구들이 딸기 수확을 하다 꿀꿀이 아줌마 깨우기에 바쁘군요. 아무리 깨워도 끄떡하지 않고 잠만 쿨쿨 자고 있던 꿀꿀이 아줌마가 갑자기 번쩍 눈을 떴는데요. 그건 아줌마가 제일 좋아하는 팬케이크 냄새를 맡았기 때문이라지 뭐예요.

단 어	알고 있어요	이제 알아요
bonus	✓	✓
strawberry		
yo-yo		
other		
row		
wake		
sometimes		
sunglasses		
smell		
length		
hop		
pancake		
점 수	/12	/12

점수	0~3개	4~7개	8~10개	11~12개
알고 있어요	괜찮아요	많이 알고 있군요	공부 열심히 했군요	굉장한 실력이예요
이제 알아요	힘내서 다시 해봐요	조금 더 집중해요	한번 더 들어봐요	다음으로 넘어가요

단어를 문장으로 기억하세요.

bonus [bóunəs]	보너스	She will give me a **bonus**. 그녀가 나에게 보너스를 줄 거야. 동 give 주다
strawberry [strɔ́ːbéri]	딸기	I like **strawberry** jam. 나는 딸기 잼을 좋아해.
yo-yo [jóujòu]	요요	Whose **yo-yo** is this? 이것은 누구의 요요지? 의 whose 누구의
other [ʌ́ðər]	다른	Close the **other** eye. 다른 쪽 눈을 감아라.
row [rou]	줄, 열	Sit in the first **row**, please. 첫 번째 줄에 앉으세요. 동 sit 앉다
wake [weik]	깨우다	Don't **wake** the baby. 아기를 깨우지 마라.

sometimes [sʌ́mtàimz]	때때로	**Sometimes** he is late. 때때로 그는 늦는다. 형 late 늦은
sunglasses [sʌ́nglæ̀siz]	선글라스	She's wearing **sunglasses**. 그녀는 선글라스를 쓰고 있어.
smell [smel]	냄새 맡다	**Smell** this pancake. 이 팬케이크 냄새 맡아 봐.
length [leŋθ]	길이	It's 20 centimeters in **length**. 길이가 20 센티미터야.
hop [hɑp]	깡충깡충 뛰다	The boy is **hop**ping. 소년이 깡충깡충 뛰고 있다.
pancake [pǽnkèik]	팬케이크	I can make a **pancake**. 나는 팬케이크를 만들 수 있어.

A 그림에 맞는 영어 단어를 고르세요.

ⓐ strawberry
ⓑ sometimes

2

ⓐ other
ⓑ yo-yo

3

ⓐ sunglasses
ⓑ pancake

B 영어 단어에 해당하는 우리말 뜻을 찾아 줄을 그으세요.

1. row •	• ⓐ 냄새 맡다
2. wake •	• ⓑ 때때로
3. sometimes •	• ⓒ 깨우다
4. smell •	• ⓓ 줄
5. other •	• ⓔ 다른

C 다음 단어에 맞는 뜻을 고르세요.

1. hop	길이	깡총깡총 뛰다	깨우다
2. bonus	보너스	줄	냄새 맡다
3. pancake	요요	길이	팬케이크

정답 A - 1. a 2. b 3. a B - 1. d 2. c 3. b 4. a 5. e C - 1. 깡총깡총 뛰다 2. 보너스 3. 팬케이크

A 빈 칸에 맞는 철자를 넣어 비밀의 단어를 찾아 써 보세요.

B 이야기가 있는 그림을 연상하면서 단어의 끝말을 이어보세요.

DAY 41

고양이 생선 훔친 범인은?

그림을 보면서 이야기해 봐!

고양이가 자신이 좋아하는 생선을 보물처럼 잘 숨겨 뒀는데 감쪽같이 사라졌지 뭐에요. 고양이로서는 엄청난 사건이 아닐 수 없는데요. 따라서 자신이 탐정이 되어 주변 친구들을 조사해 보기로 결심했죠. 물론 단짝 친구 고양이도 기꺼이 도와주기로 했는데요. 과연 누가 고양이의 생선을 훔쳐갔을까요?

단 어	알고 있어요	이제 알아요
steal	✓	✓
law		
war		
room		
manners		
safe		
pizza		
agree		
except		
tragic		
cheese		
enjoy		
점 수	/12	/12

점수	0~3개	4~7개	8~10개	11~12개
알고 있어요	괜찮아요	많이 알고 있군요	공부 열심히 했군요	굉장한 실력이예요
이제 알아요	힘내서 다시 해봐요	조금 더 집중해요	한번 더 들어봐요	다음으로 넘어가요

단어를 문장으로 익혀봐.

단어를 문장으로 기억하세요.

steal [stiːl]	훔치다	It's wrong to **steal**. 훔치는 것은 나쁜 일이다. 형 wrong 나쁜, 옳지 못한
law [lɔː]	법, 법률	I will study **law**. 나는 법을 공부할 거야. 동 study 공부하다
war [wɔːr]	전쟁	He is a **war** hero. 그는 전쟁 영웅이야. 명 hero 영웅
room [ruːm]	방	She is sleeping in her **room**. 그녀는 자기 방에서 자고 있다. 동 sleep 자다
manners [mǽnərz]	예절	He has good **manners**. 그는 예절이 바르다. 보충 good manners는 〈예절이 바르다〉의 뜻이에요
safe [seif]	안전한	Is this a **safe** place? 이곳은 안전한 곳인가? 명 place 장소

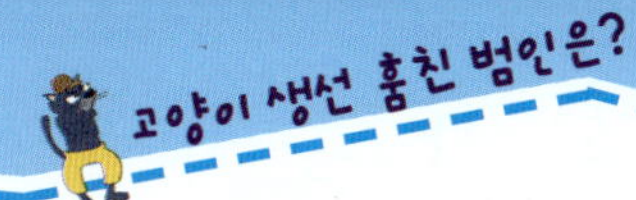

pizza [píːtsə]	피자	Do you like **pizza**? 너는 피자를 좋아하니?
agree [əgríː]	동의하다	I **agree** with you. 나는 너에게 동의한다.
except [iksépt]	~은 제외하고	We are ready **except** you. 너만 빼고 우리 모두 준비되었어.
tragic [trǽdʒik]	비극적인	It's a **tragic** story. 그건 비극적인 이야기야.
cheese [tʃiːz]	치즈	I like a **cheese** sandwich. 나는 치즈 샌드위치를 좋아해.
enjoy [indʒɔ́i]	즐기다	**Enjoy** your dinner. 저녁 맛있게 드세요.

A 그림에 맞는 영어 단어를 고르세요.

ⓐ cheese
ⓑ except

2

ⓐ tragic
ⓑ pizza

3

ⓐ enjoy
ⓑ room

B 영어 단어에 해당하는 우리말 뜻을 찾아 줄을 그으세요.

1. tragic •	• ⓐ 비극적인
2. manners •	• ⓑ 법
3. law •	• ⓒ 동의하다
4. agree •	• ⓓ ~은 제외하고
5. except •	• ⓔ 예절

C 다음 단어에 맞는 뜻을 고르세요.

1. war	법	전쟁	방
2. safe	안전한	비극적인	예절
3. room	방	법	치즈

정답 A – 1. b 2. b 3. a B – 1. a 2. e 3. b 4. c 5. d C – 1. 전쟁 2. 안전한 3. 방

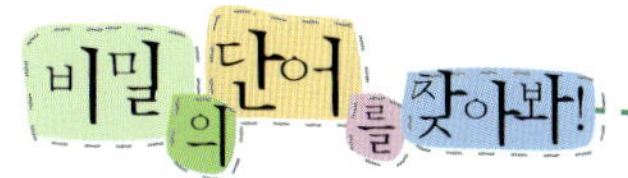

A 빈 칸에 맞는 철자를 넣어 비밀의 단어를 찾아 써 보세요.

B 이야기가 있는 그림을 연상하면서 단어의 끝말을 이어보세요.

DAY 42

불이야 불 동물농장 구하기!

그림을 보면서 이야기해 봐!

동물 농장에 재미있는 해프닝이 벌어졌어요. 어느 날 오리가 작은 불씨 하나를 발견했는데요. 불이라는 소리를 들은 염소가 깜짝 놀라서 이 사실을 알렸죠. 말 또한 깜짝 놀라서 황소에게, 황소 또한 깜짝 놀라서 돼지에게… 이런 식으로 작은 불씨 하나가 엄청난 불로 커져 버린 거예요.

단 어	알고 있어요	이제 알아요
interesting	✓	✓
goat		
test		
tower		
react		
trumpet		
information		
neglect		
trash		
hear		
report		
tire		
점 수	/12	/12

점수	0~3개	4~7개	8~10개	11~12개
알고 있어요	괜찮아요	많이 알고 있군요	공부 열심히 했군요	굉장한 실력이예요
이제 알아요	힘내서 다시 해봐요	조금 더 집중해요	한번 더 들어봐요	다음으로 넘어가요

단어를 문장으로 익혀봐.

단어를 문장으로 기억하세요.

interesting [íntəristiŋ]	흥미있는, 재미있는	It's a very **interesting** story. 그것은 아주 재미있는 이야기야.
goat [gout]	염소	**Goats** eat grass. 염소는 풀을 먹는다. 명 grass 풀
test [test]	시험	I have a **test** in math. 수학 시험이 있어. 명 math 수학
tower [táuər]	탑	That **tower** is very high. 저 탑은 매우 높아.
react [riːǽkt]	반응하다	He's **reacting** strangely. 그가 수상하게 반응을 보인다. 부 strangely 수상하게
trumpet [trʌ́mpit]	트럼펫	Play the **trumpet**. 트럼펫을 불어라.

information [ìnfərméiʃən]	정보	It's a wrong **information**. 그것은 틀린 정보야. 형 wrong 틀린, 그른
neglect [niglékt]	무시하다	We can **neglect** him. 그는 무시해도 돼.
trash [træʃ]	쓰레기	Will you pick up the **trash**? 쓰레기를 줍겠니? 숙어 pick up 줍다
hear [hiər]	들리다	Do you **hear** me? 내 말 들리니?
report [ripɔ́ːrt]	보고하다	**Report** any information to me. 나에게 어떤 정보든지 보고해라.
tire [taiər]	타이어	I have a flat **tire**. 타이어가 펑크 났어. 형 flat 평평한

A 그림에 맞는 영어 단어를 고르세요.

1 

ⓐ test
ⓑ goat

2 

ⓐ tower
ⓑ react

3 

ⓐ tire
ⓑ report

B 영어 단어에 해당하는 우리말 뜻을 찾아 줄을 그으세요.

1. information	ⓐ 보고하다
2. report	ⓑ 무시하다
3. react	ⓒ 쓰레기
4. neglect	ⓓ 정보
5. trash	ⓔ 반응하다

C 다음 단어에 맞는 뜻을 고르세요.

1. interesting	정보	재미있는	보고하다
2. test	시험	쓰레기	정보
3. tire	반응하다	무시하다	타이어

정답 A - 1. b 2. a 3. a B - 1. d 2. a 3. e 4. b 5. c C - 1. 재미있는 2. 시험 3. 타이어

A 빈 칸에 맞는 철자를 넣어 비밀의 단어를 찾아 써 보세요.

B 이야기가 있는 그림을 연상하면서 단어의 끝말을 이어보세요.

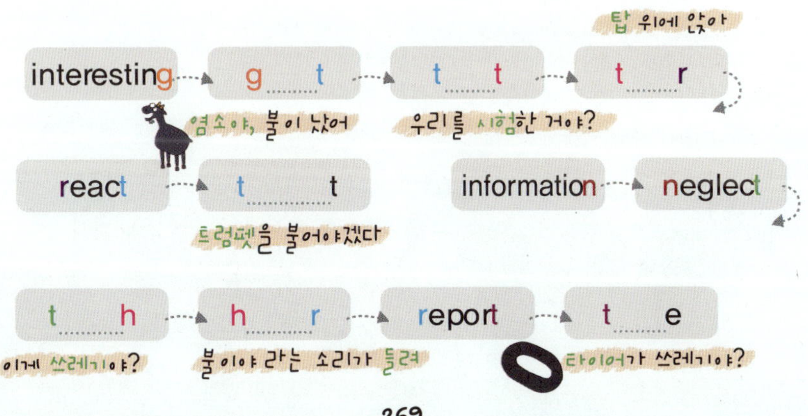

비밀의 단어는?

DAY 1 ·	· giant	DAY 22 ·	· cross
DAY 2 ·	· honey	DAY 23 ·	· sharp
DAY 3 ·	· stand	DAY 24 ·	· fast
DAY 4 ·	· slope	DAY 25 ·	· night
DAY 5 ·	· enter	DAY 26 ·	· fight
DAY 6 ·	· climb	DAY 27 ·	· angry
DAY 7 ·	· tooth	DAY 28 ·	· brush
DAY 8 ·	· clown	DAY 29 ·	· throat
DAY 9 ·	· snail	DAY 30	· design
DAY 10 ·	· taste	DAY 31 ·	· teach
DAY 11 ·	· sleep	DAY 32 ·	· famous
DAY 12 ·	· class	DAY 33 ·	· lead
DAY 13 ·	· think	DAY 34 ·	· garden
DAY 14 ·	· need	DAY 35 ·	· guess
DAY 15 ·	· moment	DAY 36 ·	· thank
DAY 16 ·	· ghost	DAY 37 ·	· date
DAY 17 ·	· lion	DAY 38 ·	· return
DAY 18 ·	· kind	DAY 39 ·	· result
DAY 19 ·	· talk	DAY 40 ·	· smell
DAY 20 ·	· flight	DAY 41 ·	· steal
DAY 21 ·	· throw	DAY 42 ·	· test